어쩌다 학부모

어쩌다 학부모

지은이 | 김성중
초판 발행 | 2024. 6. 19.
등록번호 | 제1988-000080호
등록된 곳 | 서울특별시 용산구 서빙고로65길 38
발행처 | 사단법인 두란노서원
영업부 | 2078-3352   FAX | 080-749-3705
출판부 | 2078-3331

책 값은 뒤표지에 있습니다.
ISBN 978-89-531-4859-8 03230

독자의 의견을 기다립니다.
tpress@duranno.com   http://www.duranno.com

두란노서원은 바울 사도가 3차 전도여행 때 에베소에서 성령 받은 제자들을 따로 세워 하나님의 말씀으로 양육하
던 장소입니다. 사도행전 19장 8-20절의 정신에 따라 첫째 목회자를 돕는 사역과 평신도를 훈련시키는 사역, 둘째
세계선교(TIM)와 문서선교(단행본·잡지) 사역, 셋째 예수문화 및 경배와 찬양 사역, 그리고 가정·상담 사역 등을
감당하고 있습니다. 1980년 12월 22일에 창립된 두란노서원은 주님 오실 때까지 이 사역들을 계속할 것입니다.

신앙도 종고 공부도 잘하는
자녀로 키우는 실전 양육 노하우

어쩌다 학부모

김성중 지음

두란노

김성중 교수님은 학문과 현장을 아우르는 신학교 교수이면서 다음 세대를 사랑하는 전문 사역자입니다. 이 책은 신앙과 학업 모두를 강조하며, 기독 학부모로서 어떻게 자녀를 잘 양육할 수 있을지에 관한 노하우를 제공하고 있습니다. 이 책을 통해 기독 학부모들이 새롭게 도전받고 하나님이 기뻐하시는 학부모가 되기로 결단하는 계기가 되기를 소망합니다. 자녀를 둔 학부모들에게 이 책을 기쁨으로 추천합니다.

이찬수 목사 _분당우리교회 담임

우리 사회의 과열된 입시 경쟁은 제도 정책적 문제와 더불어 오랜 기간 축적된 한국인의 의식 문화적 요인이 결합되어 생겨난 것입니다. 유교와 무교를 중심으로 한 종교 정신적 문화 배경이 입시와 교육의 영역에서 과도한 경쟁으로 분출되고 있습니다. 이러한 문제를 해결하기 위해서는 부모의 의식 변화가 필요합니다. 기독 학부모로서 바른 기준을 세우고 성경적 양육 기준을 갖는 것이 중요합니다. 김성중 교수님의《어쩌다 학부모》는 기독 학부모로서의 균형 잡힌 정체성을 알려 주는 책입니다. 부모로서의 성경적 정체성과 함께 학부모를 위한 현실적인 조언들은 자녀 양육을 고민하고 있는 많은 부모님께 큰 도움이 될 것입니다.

이재훈 목사 _온누리교회 위임

기독교교육학자이자 다음 세대 사역자로 헌신하고 있는 김성중 목사님의《어쩌다 학부모》는 한 명의 바른 학부모를 세우기 위한 좋은 길라잡

이입니다. 이 책은 학부모로서의 정체성과 사명, 자녀의 학업을 돕기 위해 구체적으로 해야 하는 역할과 신앙과 학업 모두를 잡는 탁월한 비법 등을 자세하게 알려 주고 있습니다. 이 책은 복음 안에 바로 서 있으면서 자녀를 믿음으로 양육하고, 자녀에게 하나님의 꿈을 심어 주기를 원하는 기독 학부모가 반드시 읽어야 할 필독서입니다. 이 책을 통해 학부모들이 힘을 얻고 가정 안에서 자녀의 신앙 교사 역할을 온전히 잘 감당하기를 소망합니다.

신용백 목사 _시냇가푸른나무교회 담임

부모가 되는 것은 설레는 일입니다. 그러나 학부모가 되는 것은 너무나 두려운 일입니다. 교육에 대한 세상의 온갖 정보가 홍수처럼 밀려오기 때문입니다. 그래서 어떤 학부모들은 신앙과 학업을 적당히 타협하기도 합니다. 그러나 우리는 어쩌다 학부모가 된 것이 아닙니다. 하나님이 우리를 학부모로 부르셨습니다. 김성중 교수님이 들려주는 신앙과 학업, 두 마리 토끼를 잡는 교육법을 통해 우리의 다음 세대가 이 시대의 다니엘이 되기를 소망합니다.

주경훈 목사 _오륜교회 담임

어렸을 적 텔레비전을 보면 공부하지 않는 학생에게 부모님이 "공부해서 남 주냐? 너 위해서 공부하라는 거야!" 하며 소리쳤습니다. 예전에는 그랬지요. 공부는 나를 위해서 하는 것이지 남을 위해 하는 것이 아니라고 말입니다. 하지만 어느 때부터인가 우리 그리스도인들에게는 "공부해서 남 주자!"라는 말이 크게 번지고 있습니다. 우리 아이가 자라서 백명, 천명, 만명을 먹이는 요셉과 다니엘같이 성장할 수 있다면 얼마나 감사할까요? 어떻게 공부해야 내 공부로 남을 도울 수 있는지, 어떤 식으로 공부해야 그런 사람으로 성장할 수 있는지 구체적인 방법이 이 책에 담겨 있습니다. 자세한 과목별 공부법뿐만 아니라 미래의 직업을 선택하는 방법까지 제시해 줍니다. 이 책은 신앙과 교육이 균형 맞춰 성장할 수 있도록 잘 알려 주는 부모 지침서입니다. 개성 강한 네 아이를 키우는 저에게 참 유용한 책이어서 더 감사합니다.

김지선 집사_방송인, 개그우먼

"자녀의 청소년기는 중년 부모에게 주시는 하나님의 선물입니다"라는 유진 피터슨 목사님의 글을 읽은 적이 있습니다. 이미 장성한 두 아들을 보면서 두 아들의 청소년기가 하나님이 저에게 주신 특별한 선물이었고, 저에게 꼭 필요한 것을 공급해 주신 은혜의 시간이었음을 고백하지 않을 수 없습니다. 대한민국 청소년이기에 너무 중요한 학업, 그렇기 때문에 더 더 더 너무너무 중요한 신앙, 둘 다 모두 승리하는 대한민국 기독 학부모님들이 되시기를 응원합니다. 화이팅!

오승환 이사장_더작은재단, 네이버 공동창업자

아이가 자라서 학령 아동이 되면 아주 자연스럽게 학부모가 됩니다. 좋은 학부모가 되기 위한 준비를 제대로 하지도 못하고, 그저 학부모가 됩니다. 정말 '어쩌다'가 말입니다. 기독교 신앙을 굳건히 지키는 좋은 학부모 되기가 무척 어려운 것이 우리의 현실입니다. 신앙과 공부, 둘은 결코 서로 대립되는 관계가 아니어야 함에도 현실은 대립되는 관계로 다가옵니다. 그래서 모두가 혼란스러워합니다. 교회학교에 학생들이 사라져 가고 있다고도 합니다. 저자는 이러한 현실을 직시하고, 신앙의 정체성을 유지하면서 공부도 잘하는 신앙학업통합유형을 모델로 설정하고, 그 모델을 실현하기 위한 구체적인 방법들을 정리했습니다. 이 책

어쩌다 학부모

은 많은 기독 학부모들이 자신감을 가지고 자녀의 성장을 지도하고 도울 수 있는 지침이 될 것으로 확신하며 일독을 권합니다.

우창록 이사장 _대한민국교육봉사단, 법무법인 율촌 명예회장

《어쩌다 학부모》는 책 제목에서부터 큰 도전을 줍니다. '어쩌다 학부모', '준비되지 않은 학부모', '갈등하는 학부모'···. 꼭 내 얘기 같지 않나요? 특히 하나님을 믿는 기독 학부모의 마음은 더 어려운 것 같습니다. 하나님의 말씀대로 키워야 한다는 것은 알겠는데, 막상 현실의 벽은 너무 높아 보입니다. 무한 경쟁 사회에서 우리 자녀의 예배드리는 시간도 아깝게 느껴진다는 학부모가 적지 않습니다. 저자 김성중 교수님은 이런 우리에게 "신앙과 학업은 같이 갈 수 있다"고 선포하듯이 강조합니다. 김성중 교수님은 선포에 그치지 않습니다. 신앙도 좋고 공부도 잘하는 자녀로 성장시키기 위해서는 어떠한 단계를 밟아야 하는지를 자세히 안내합니다. 부록에 실은 "부모와 자녀가 붙들어야 할 주제별 성경 말씀"은 덤으로 주는 선물입니다. 아직은 '어쩌다 학부모'이지만, 이 책을 읽고 나면 '준비된 기독 학부모'가 될 것이라고 믿습니다.

이인용 이사장 _사단법인 온율, 법무법인 율촌 가치성장위원장, 前 삼성전자 사장

우리 인생에서 가장 중요하지만 가장 난이도 높은 과제는 '좋은 부모'가 되는 것입니다. 특별히 신앙과 인격과 실력을 모두 갖춘 자녀를 꿈꾸는 '경쟁 시대의 학부모'가 '좋은 부모'가 되기는 참 어렵습니다. 이런 현실에서 김성중 교수님은 이 시대의 '어쩌다 학부모'가 된 이들에게 '좋은 부모'가 될 수 있는 비전과 그 비전을 실현하는 길을 명료하게 제시해 줍니다. 《어쩌다 학부모》는 어쩌다 학부모가 되어 당황하는 부모님들을 향한 위로와 격려와 안내를 담은 지혜서입니다. 우리는 '어쩌다 학부

모'가 된 것 같지만 사실은 선하신 하나님의 뜻과 계획 안에서 학부모가 된 것이라는 사실을 알려 줍니다. 그래서 부모는 가정 안에서 우리 자녀의 신앙 교사 역할을 성실히 감당해야 함을 일깨워 줍니다. 하나님 사랑, 이웃 사랑으로 나아가는 하나님의 꿈을 꾸고, 하나님의 꿈을 이루기 위한 준비 단계에서 필요한 학업을 기쁨으로 감당하는 자녀로 키우기 위해 최선의 노력을 다해야 함을 호소합니다. 이 책에는 신앙도 좋고 학업도 잘 감당하는 자녀로 키우기 위한 구체적인 노하우가 들어 있습니다. 이론과 실제를 아우르는 김성중 교수님의 지식과 총명을 통해 많은 학부모님이 자녀 양육에 새로운 통찰이 열리기를 소망합니다.

임성빈 교수 _前 장로회신학대학교 총장, 한국리더십학교 교장

우리 자녀들의 생각은 의도적이든 아니든 자연스럽게 형성됩니다. 가정 교육 혹은 학교 교육 혹은 접하는 미디어를 통하여 그들의 세계관이 형성됩니다. 우리가 적극적으로 성경적 세계관으로 채우지 않으면 중립으로 남는 것이 아니라 인본주의적 세계관으로 채워집니다. 인본주의적 세계관으로 공부를 대하고 대학 가는 이유를 찾는다면 결국 교회를 떠날 수밖에 없습니다. 《어쩌다 학부모》는 가정에서 우리 자녀들에게 중요한 부모의 역할에 대해 말하고 있습니다. 성경적 세계관으로 가르치지 않으면 세속적 인본주의적 가치관을 가진 자녀가 됩니다. 자녀를 성경적 세계관으로 세우기 원하는 분들에게 이 책을 추천합니다. 성장기 내내 가정에서 소장해야 하는 기독 학부모 필독서로 추천합니다.

홍배식 학원장 _학교법인 숭덕학원, 한국기독교학교연합회 회장

아기가 태어나면 부모도 태어나는 것입니다. 그래서 아기가 자라면서 교육을 받듯 부모도 부모의 역할을 늘 고민하고 배우며 아이와 함께 성

　　　　　　　어쩌다 학부모

장해 가야 합니다. 김성중 교수님은 기독교교육 현장을 누구보다도 사랑하고 잘 아는 학자이며 실천가입니다. 학부모가 아이와 함께 성장해가야 할 길을 이 책에서 명확하게 제시하고 있습니다. 이 땅의 모든 학부모가 한 번씩 꼭 읽어야 할 책으로 추천합니다.

조은하 교수 _목원대학교, 전국신학대학협의회 사무총장

이 책은 '학부모'의 기본적인 개념부터 '기독 학부모', '자녀'에 이르는 전반적인 내용을 총망라하고 있습니다. 실제와 이론이 겸비된 책이라 현실감이 높습니다. 내가 어떤 학부모여야 할지, 어떻게 자녀를 양육해야 할지, 특히 신앙과 학업을 고민하는 학부모와 자녀 세대를 섬기는 분들에게 이 책을 자신 있게 추천합니다. 한마디로 '속을 후련하게 해 주는 책'입니다.

최관하 대표 _스쿨처치임팩트, 영훈고등학교 국어 교사 및 교목 역임, 영훈선교회 대표

'어쩌다' 보니 두 아들의 엄마가 되었습니다. 아이들이 성년이 되기 전까지 아이를 가진 엄마가 하기에는 벅찬 미디어 분야에서 활동했던 제가 아이들에게 전심으로 마음과 눈길을 주었던 시간은 아마도 아이들 전 인생의 0.0001%도 되지 않을 것입니다. 길도, 답도 없는 그 길 위에 함께 서 있는 것 외에는 아무것도 해 준 것이 없는 셈입니다. 그 길 위에서 가장 잘했다고 생각되는 일은 "예수님이 신화 속 인물이 아니냐"고 물어 온 아이들을 위해 약 한 달간 '아이들에게 예수님이 누구신지'를 확실히 알려 줄 좋은 교회를 찾아 헤맸던 일이고, 가장 후회스러운 시간은 막 사춘기에 접어든 아이들을 믿음의 친구와 좋은 예배가 있는 교회에서 떼어 내어 미국에 보냈던 일입니다. 믿음 안에 잘 성장하고 있던 아이들을 '세상적 기준'으로, 믿음의 삶을 함께할 부모도 곁에 없고 믿

음 안에서 함께 성장해 오고 있던 친구도 없는 상황 속으로 내몰았던 것
이지요.

아이의 시간은 하나님의 시간입니다. 아이가 부모에게 주는 기쁨은 아
이를 통해 하나님을 다시 배우며 가까워질 수 있기 때문인데, 흔히 많은
부모님이 그 시간을 '책임'만으로 여기다가 많은 시행착오를 하는 것 같
습니다. 김성중 교수님의《어쩌다 학부모》는 아이의 시간을 '세상적 원
리'가 아닌 '하나님의 섭리'가 작동하는 '하나님의 시간'으로 만드는 지
혜를 말합니다. 아이의 삶을 통해 하나님의 영광과 섭리가 나타나기를
간절히 바라는 부모님들에게 더없이 좋은 길잡이가 되어 줄 것입니다.
그 길을 부지런히 배우고 도전하여 누리는 행복한 부모님들이 되셨으
면 좋겠습니다.

이소윤 대표 _스토리 윤, 다큐멘터리 작가

학부모. 자녀가 없는 사람에게는 존귀한 이름이지만 자녀를 둔 부모에
게는 언제나 부담스러운 이름입니다. 자녀의 성장 과정 중 어느 순간에
도 마음을 놓을 수 없기 때문입니다. 어릴 때는 어린 대로, 조금 성장하
면 성장한 대로 처음 가 보는 길을 평안한 마음으로 걸어간다는 것은 솔
직히 거짓말입니다. 물론 조부모는 언제나 기쁨입니다. 여기 마음이 흔
들릴 때마다 평정심을 심어 주고 통쾌한 지혜를 제공해 주는 주옥같은
책이 나왔습니다.《어쩌다 학부모》는 다음 세대 특히 청소년 최고 전문
가 김성중 교수님의 책입니다. 곁에 두고 때를 따라 도움을 받으시기 바
랍니다. 순간순간 손뼉을 치며 놀랄 것입니다.

이전호 목사 _충신교회 담임

하나님이 우리를 '학'부모로 특별히 부르셨습니다. 좋은 학부모가 되기

위해서는 배워야 합니다. 이 책은 학부모가 하나님 앞에서 어떤 존재인지에 관한 본질적인 정체성을 깊이 있게 알려 주고, 학부모가 자녀의 학업에 있어서 어떤 관점을 가지고 어떤 구체적인 역할을 해야 하는지를 전문적으로 알려 줍니다. 더 나아가 하나님께 귀하게 쓰임 받는 자녀로 양육하기 위해서는 어떻게 해야 하는지 그 구체적인 비결도 들려 줍니다. 하나님의 꿈을 실천하며 선한 영향력을 발휘하는 자녀로 키우기 원하는 모든 학부모에게 이 책을 기쁨으로 추천합니다.

허요환 목사 _안산제일교회 담임

《어쩌다 교사》, 《어쩌다 청소년 사역》으로 다음 세대 교회교육에 참신한 바람을 일으켰던 김성중 교수님이 이번에는 학부모들을 대상으로 귀한 책을 출간하게 되어 기쁘게 생각합니다. 입시와 무한 경쟁이라는 시대의 골리앗 앞에 선 우리의 자녀들을 어떻게 안내해야 할지 몰라 고민하는 믿음의 부모들에게 《어쩌다 학부모》는 분명 다윗의 물맷돌이 될 것이라 확신합니다. 부디 이 책을 통해 학부모들이 먼저 신앙의 바른 정체성과 소명을 깨닫고 우리의 자녀들을 끝까지 믿음의 자녀들로 잘 양육할 수 있기를 기대하고 또한 기도합니다.

곽승현 목사 _거룩한빛광성교회 담임

이 책은 신앙과 학업을 동시에 잡을 수 있는 방법을 제시하고 있습니다. 또한 하나님이 맡겨 주신 학부모의 특별한 역할을 강조합니다. 김성중 교수님의 풍부한 경험과 구체적인 지침은 자녀 교육에 눈을 뜨게 해 줍니다. 저자의 현실적인 조언과 3장에 소개된 "신앙학업통합유형으로 나아가는 5단계" 방법론은 자녀 교육에 실제적인 도움과 유익을 줍니다. 자녀의 미래를 밝히고 싶은 모든 학부모에게 이 책을 추천합니다.

자녀가 신앙과 학업에서 모두 성공하기를 바란다면 이 책이 필요한 지침서가 될 것입니다.

김형석 목사 _지구촌교회 (목동) 담임

학부모들로부터 후회와 깊은 탄식의 소리를 들을 때가 있습니다. 자녀들을 세상적인 기준으로 키우다 보니 신앙과 믿음을 잃어버린 채 성장하게 되어 죄책감이 들고, 성장한 후로는 부모의 신앙적 지도에 귀를 기울이지 않는다는 것입니다. 그런 차원에서 이 책을 조금 더 일찍 만났더라면, 하는 학부모들이 있을지도 모르겠습니다. 그러나 아직 늦지 않았습니다. 저자가 강조하는 것처럼 우리는 학부모가 아니라 기독 학부모이기에 주님이 다시 세워 주실 것이기 때문입니다. 무엇보다 이 책은 자녀를 키우는 기독 학부모로서의 정체성을 일깨워 주고 사명을 새롭게 해 줍니다. 이 책을 통해 학부모라는 이름으로 이 땅을 살아가는 모든 분이 소망을 얻게 될 것이고, 나아가 균형 잡힌 자녀의 신앙적 성장을 돕게 될 것을 믿기에 적극 추천을 드립니다.

김덕영 목사 _목민교회 담임

이 책에서는 신앙과 학업, 두 마리의 토끼를 잡는 전략이 눈에 띕니다. 자녀가 신앙생활도 잘하고 공부도 잘하기를 바라는 부모에게 유익한 책이 될 것입니다. 이를 위해 중요한 것은 먼저 부모가 하나님 앞에서 확실한 믿음의 사람이 되어야 한다는 것입니다. 또 눈에 띄는 것은 과목별 학업에 대한 구체적인 교훈입니다. 현재 신앙과 학업을 지도하고 있는 학부모에게 큰 도움이 되리라 믿습니다.

이경욱 목사 _서소문교회 담임

어쩌다 학부모

목회 현장의 따끈따끈한 소리를 담아내는 '어쩌다' 시리즈가 있어서 참 좋습니다. 여러분은 어쩌다(?) 학부모가 되셨나요? 하나님의 선한 인도하심 속에 만남과 결혼을 통해 거룩한 가정을 이루는 사명을 받은 우리입니다. 그 열매로 '자녀'라는 귀한 선물을 받았으나 어떻게 양육해야 하는지 준비되지 않은 채 선물만 받아 들고 계신 분께, 그리고 말씀대로 키워 보겠다고 다짐하지만 이러지도 저러지도 못하며 학부모의 무거운 자리에 계신 분께 이 책을 강추합니다.

강윤호 목사 _반포교회 담임

다음 세대 학생들에게 복음을 전하는 사역의 현장에서 지난 30여 년간 복음을 전하는 사역을 감당하며 여러 가지 힘들고 어려운 시간이 있었습니다. 하지만 그중에서 참으로 많이 고민되었던 내용이 있다면 '학부모와 사역자가 같은 편인가, 아니면 다른 편인가'에 대한 의문이었습니다. 학부모들과 같은 마음을 나누는 일이 참 많이 어려웠습니다. 한 교회와 학교, 어느 사역자와 어른들만의 힘으로는 바른 신앙 교육을 감당하기가 절대적으로 어려운 현실이기에, 학부모와 사역자가 한 팀이 되는 것은 가장 우선 되는 과제입니다. 《어쩌다 학부모》가 전하는 내용이 학부모와 모든 사역자를 한마음이 되게 하고, 함께함으로 바른 믿음의 교육이 현장에서 이루어지기를 소망합니다.

임우현 목사 _번개탄TV 대표, 청소년사역자협의회 회장

학업과 입시 열기가 너무나도 강한 우리나라 현실 속에서, 기독 학부모로서 자녀를 양육할 때 신앙과 공부, 두 마리 토끼를 잡는 것이 부모의 최고의 이상입니다. 하지만 현실을 보면 믿음만을 강조하다가 공부를 놓치는 경우가 많고, 공부에 집중하다가 신앙이 떨어지는 경우가 허다

합니다. 따라서 기독 학부모들은 이렇게 질문합니다. "신앙과 학업이라는 두 마리 토끼를 잡는 방법론이 있다면 얼마나 좋겠는가?"

이 책에서 김성중 교수님은 여기에 대한 구체적이고 명확한 해답을 제시하고 있습니다. '신앙학업통합유형'이라는 구체적이고 명확한 모델을 제시하고, 학부모와 자녀들에게 현실적인 대안을 주고 있습니다. 학부모로서 가정에서 자녀들을 과목별로 어떻게 공부를 시킬지, 동시에 신앙 교육은 어떻게 시킬지, 그리고 자녀와 어떻게 좋은 관계를 유지할지 등 자녀 양육에 대한 거의 모든 분야에 대한 코칭을 하고 있습니다. 이런 종류의 책은 처음 보는 것 같습니다. 기독 학부모들이 매우 환영하고 반길 책이라 확신합니다.

이정현 목사 _청암교회 담임

결혼식에 쓰는 에너지와 재정을 부모 되기에 할애할 수 있다면…. 아쉽게도 책 제목처럼 '어쩌다' 학부모가 되었습니다. 여기저기에서 들려오는 정보에 자녀의 미래를 맡기는 답이 없는 무모함은 일상이 되었습니다. 이 책은 우리가 부모가 된 것이 부르심임을 강조합니다. 동시에 신앙과 학업이 대척점이 아닌 통합되는 유형을 제시합니다. 나아가 자녀의 직업, 그리고 스스로 학습하고 길을 나서는 습관을 위한 부모의 응원과 지혜를 이 책에서 얻을 수 있습니다. 김성중 교수님은 학문과 현실이라는 벽을 끊임없이 뚫어 내는 사역자입니다. 원고를 읽어 가면서 감탄을 금할 수가 없었습니다. 제가 먼저 알았어야 했습니다. 자녀 양육에 대해 길을 찾는 분들에게 자신 있게 일독을 권합니다.

강은도 목사 _더푸른교회 담임

어쩌다 학부모

칼릴 지브란은 부모와 자녀를 '활과 화살'의 관계로 설명했습니다. 활의 역할인 부모에게는 화살인 자녀들이 최대한 멀리 날아가도록 돕는 것이 최고의 사명입니다. 그럼에도 많은 부모는 어떻게 해야 이를 잘 수행할 수 있는지에 대한 준비나 훈련이 되지도 않았고, 어쩌다 보니 부모가 되어 버린 경우가 많습니다. 이로 인하여 부모의 기능을 잘 못하여 가정 안에서의 충돌로 이어지게 됩니다. 다음 세대를 올바르게 세우는 일에 오랫동안 헌신해 온 김성중 교수님이 이 문제를 효과적으로 해결하는 꼭 필요한 책을 집필해 주셨습니다. 특히 자녀들의 연령별 발달 과업을 구체적으로 제시하고, 다양한 이론들과 경험, 성경의 다양한 구절을 풍성하게 공급해 주어 부모의 사명을 잘 감당하려는 모든 분에게 큰 도움이 될 것입니다. 이 책을 통해 부모의 역할을 충실히 하면서 가정의 회복이 일어나게 되기를 소망합니다.

김현철 목사 _행복나눔교회 담임

자녀가 이 세상에 태어나면서 처음 부모가 된 것처럼, 자녀가 학생이 되면서 부모는 처음 학부모가 됩니다. 그래서 학부모로서 자녀에게 어떤 역할을 감당해야 하는지 모르기도 합니다. 여러 가지를 시도하다가 시행착오를 경험하기도 합니다. 그렇기 때문에 우리는 겸손한 마음을 가지고 예수님의 도우심을 구해야 합니다.

'학부모'라는 단어를 들으면 '부모'라는 단어보다 뭔가 무게감과 부담감이 더 느껴집니다. '학부모'라는 단어를 깊이 있게 생각해 보면 몇 가지 뜻을 발견할 수 있습니다.

첫째, '학부모'는 '학생의 부모'라는 뜻입니다. 자녀가 태어나서 잘 자라나 학교에 입학해서 학생이 되었고, 우리는 그 학생의 부모라는 뜻입니다. 이 얼마나 감사한 일인지 모릅니다. 하나님이 부모를 자녀를 키우는 도구로 삼아 주셨고, 우리가 하나님의 은혜로 그 역할을 감당함으로 말미암아 자녀가 잘 성장해서 학교에 입학해 학생이 되었다는 사실은 말로 표현할 수 없는 감격이고 감사일 것입니다.

제 딸이 초등학교에 입학했을 때가 어저께같이 생생하게 기억납니다. 입학식을 마치고 반 배정이 되어 교실에 들어갔을 때 저는 뒤에서 딸 사진을 계속 찍었습니다. 그리고 딸은 자꾸 뒤를 돌아보며 저와 아내가 잘 있는지 확인했습니다. 교실에서 처음 담임 선생님을 만났을 때 저는 거의 90도로 몸을 굽혀 잘 부탁드린다는 인사를 했습니다. 아이가 잘 자라서 학교에 입학했다는 것은 큰 복이요, 동시에 우리가 학부모가 되었다는 사실도 영광입니다.

둘째, '학부모'는 '자녀의 학업에 책임을 다하는 부모'라는 뜻입니다. 자녀가 학생이 되었다는 것은 자녀의 학업이 시작되었다는 의미입니다. 따라서 부모는 자녀가 공부를 열심히 할 수 있도록 환경과 분위기를 조성하고 필요한 것들을 제공하는 등 자녀의 학업을 적극적으로 지지하고 지원하고 응원하고 격려하는 역할을 감당해야 합니다.

셋째, '학부모'는 '배우는 부모'라는 뜻입니다. 부모는 자녀가 학업을 잘 감당할 수 있도록 자녀가 학업에 어떤 생각과 관심을 가지고 있는지, 학업을 진행하면서 어떤 어려움과 문제가 있는지, 학업을 감당함에 있어 무엇이 필요한지 등을 배워야 합니다. 책과 강의 등을 통해 배우고 알며, 배운 내용을 자녀에게 실천할 수 있어야 합니다.

우리는 '학부모' 앞에 '기독'이라는 단어가 붙습니다. '기독'은 '예수님'을 뜻합니다. '학부모'라는 단어 앞에 '예수님'이라는 단어가 있다는 것은 무슨 뜻이겠습니까? 예수님이 우리 학부모의 주인이시고, 예수님이 앞서가시면 우리는 따라가겠다는 결단이 내포되어 있는 것입니다. 우리가 자녀의 학업을 돕는 역할을 할 때 신앙이 우선한다는 결단입니다. 우리가 자녀의 학업을 돕는 역할을 할 때 세상의 가치가 아닌 예수님의 가치로 하겠다는 결단이고, 예수님이 원하시는 방법으로 하겠다는 결단입니다. 우리 자녀가 학업을 통해 예수님이 기뻐하시는 꿈을 이룰 수 있도록 최선의 노력을 다하겠다는 결단입니다.

✿ 신앙도 좋고 공부도 잘하는 자녀로 키울 수 있다

저는 병행 사역까지 포함해서 20여 년간 청소년 사역을 하는 가운데, 학업이라는 주제가 항상 걸림돌이 되었습니다. 학원에 가느라 주일예배에 출석하지 못하는 학생들이 있기 때문입니다. 토요일에 청소년부에서 학생들의 눈높이에 맞는 프로그램을 기획해도, 청소년부 교사들과 함께 학생들을 생각하며 열심히 수련회를 기획해도 우리가 원하는 만큼 학생들이 참여하지 못합니다. 왜냐하면 토요일은 학원에서 집중적으로 공부하는 날이고 방학 때는 학원 보충과 집중 과정이 진행되기에 학원에 가는 학생들이 많기 때문입니다. 우스갯소리로 한국 교회 청

어쩌다 학부모

소년부가 회복하고 부흥하는 길은 교회 안에 좋은 학원을 만드는 것이라는 말까지 나올 정도입니다.

대학 입시가 최대 목표인 우리나라의 교육 환경 가운데 자녀의 학업이 중요한 것은 맞습니다. 그러나 신앙이 더 중요합니다. 그렇다고 신앙 따로, 학업 따로도 아닙니다. 가장 이상적인 말일 수 있겠지만, 제 개인적인 학창 시절의 경험은 물론 오랜 시간 청소년 사역을 하면서 경험한 바대로 저는 신앙과 학업은 같이 갈 수 있다고 확신합니다. 한마디로 신앙도 좋은 자녀, 공부도 잘하는 자녀로 키울 수 있습니다.

하나님이 우리에게 맡기신 귀한 자녀를 바른 신앙인으로 키워야 하는 사명이 부모에게 있습니다. 그리고 하나님이 이 세상에 보내신 하나님의 자녀를 이 세상 가운데서 자신의 전문성을 발휘하고, 선한 영향력을 끼치며, 하나님이 기뻐하시는 삶을 살아가는 존재로 세워야 하는 역할이 우리 부모에게 있습니다.

그래서 저는 이 책을 통해 먼저 학부모가 '하나님의 소명을 받은 자'라는 사실을 명확하게 선포하고 싶었습니다. 그냥 우연히 학부모가 된 것이 아니라, 하나님의 분명한 부르심을 받고 학부모가 되었다는 사실입니다. 하나님이 우리를 학부모로 선택해 주셨고, 자녀를 우리에게 맡겨 주셨다는 사실입니다. 자신의 정체성을 정확히 아는 자가 바른길을 갈 수 있듯이 자신이 하나님의 소명을 받은 학부모라는 정체성을 정확히 인지하고 있을 때 학부모의 역할을 바르게 수행할 수 있습니다.

저는 이 책에서 신앙과 학업 두 가지 모두를 강조했습니다.

그리고 신앙과 학업이 어떻게 같이 갈 수 있는지를 명확히 밝히고자 노력했습니다. 신앙도 좋고 공부도 잘하는 자녀로 성장시키기 위해서는 어떠한 단계를 밟아야 하는지를 자세히 안내했고, 하나님 앞에 바른 신앙을 가지고 열심히 준비해서 하나님께 쓰임 받은 성경 인물들의 삶도 소개했습니다.

그리고 모든 학부모의 관심사인 '어떻게 자녀에게 맞는 직업을 찾을 수 있는지'에 관한 노하우를 제시했으며, 학업을 잘 감당하기 위한 자기 주도적 학습 방법, 과목별 효과적인 공부법, 집중력 향상법, 적절한 평가 방법, 학업의 능률을 올리는 칭찬법도 수록했습니다. 또한 신앙과 학업이 같이 가기 위해서 신앙 안에서의 거룩한 쉼, 좋은 휴식이 필요함을 강조하며 구체적인 실천 방안을 소개했고, 부모 자신과 자녀를 위해 어떤 구체적인 기도를 해야 하는지도 정리해 보았습니다. 그리고 "부록"에는 부모를 위한 메시지와 부모와 자녀가 붙들어야 할 주제별 성경 말씀들을 실었습니다.

학부모는 자녀가 학교에 들어가서 정식 교육을 받기 시작하는 때부터 해당된다고 볼 수 있기에, 초등학생 자녀를 둔 부모부터 학부모라고 말할 수 있습니다. 따라서 이 책은 초등학생 자녀를 둔 부모부터 고등학생 자녀를 둔 부모까지 공통으로 다 읽을 수 있습니다. 하지만 우리나라의 현실에서는 대학 입시라는 목표로 인해 중·고등학교 때 공부의 비중이 절대적으로 증가하기에 중·고등학생 자녀를 둔 부모가 더 많이 공감할 수 있는 책일 수 있습니다. 초등학생 자녀를 둔 부모는 이 책을 읽으며 일찍부터 자녀의 신앙과 학업에 대한 바른 기준을 가지고, 신앙도 좋고 공부도 잘하는 자녀로 키우기 위해 차근차근 준비하고 노력하면 좋겠습니다.

이 책을 통해 진정한 기독 학부모들이 전국 곳곳에서 세워지고, 바른 기독 학부모로 세워지기 위해 결단하는 운동이 일어나기를 소망합니다. 자녀의 신앙이 중요하다고 생각은 하지만 마음에 확 와닿지 않는 학부모, 자녀의 신앙에 관심은 가지지만 정작 예배 시간에 교회가 아닌 학원에 보내는 학부모, 신앙과 학업을 동시에 강조하는 것은 현실적으로 불가능하다고 말하는 학부모, 자녀의 좋은 학업 결과를 위해 신앙생활이 필요하다고 말하는 학부모 등 모든 학부모가 이 책을 읽고 새롭게 결단하는 역사가 일어나기를 간절히 기도합니다.

학부모의 한 사람으로서 이 세상의 모든 학부모를 진심으로 응원하고 축복합니다. 힘내세요!

광나루 연구실에서

김성중 교수

학부모는
어떤 역할을 해야 할까?

01

기독 학부모는 세상 학부모와 달라야 한다

✤ 학부모는 소명을 받은 자다

소명은 하나님의 부르심입니다. 우리는 결혼해서 자녀가 이 땅에 태어난 순간부터 부모로서의 부르심을 받았습니다. 그리고 자녀가 학업을 시작하면서부터 학부모로서의 부르심을 받았습니다.

우리나라 문화에서 학업은 매우 중요합니다. 입시 위주의 문화 가운데서 자녀의 최대 소망은 바로 공부를 잘하는 것입니다. 공부를 잘해야 자신이 원하는 대학교에 들어가고, 자신이 원하는 직업을 가지고 살 수 있다고 믿기 때문입니다. 몇 년 전에 엄청나게 히트 친 드라마 〈스카이 캐슬〉이 한국 사회의 단면을 적나라하게 보여 주었다고 생각합니다.

믿는 부모나 믿지 않는 부모나 다 자녀에게 공부의 기회를 줍니다. 자녀가 공부를 잘할 수 있도록 돕는 역할을 합니다. 자녀가 공부를 잘하고, 원하는 대학에 들어가고, 원하는 직업을 가지기 원합니다. 그러나 학부모로서 하나님으로부터 부르심을 받은 기독 학부모는 믿지 않는 부모와 달라야 합니다. 하나님이 우리를 학부모로 부르신 이유가 단지 자녀를 공부 잘하고, 좋은 대학에 들어가고, 원하는 직업을 가지고, 돈 많이 벌도록 기르라는 것은 아닐 것이기 때문입니다. 그렇다면 학부모로서 하나님의 소명을 받았다는 것은 구체적으로 무엇을 의미할까요?

✿ 기독 학부모의 소명 1_ 자녀는 하나님의 것임을 믿는다

첫째로, 학부모로서 소명을 받았다는 것은 자녀가 우리의 것이 아니라 하나님의 것임을 믿는 것입니다. 자녀가 우리의 것이라는 소유 의식을 가지면 자녀에 대한 엄청난 욕심이 작동합니다. 그리고 자녀에게 공부를 강압하고, 심지어 부모 자신이 이루지 못한 꿈을 자녀에게 강요하게 될 수도 있습니다.

제가 아는 어떤 분은 어릴 적 꿈이 첼리스트였습니다. 그런데 집안이 가난했기에 결국 꿈을 접고 돈을 벌 수 있는 다른 일을 하게 되었습니다. 이후 결혼해서 가정을 이루었고 딸이 태어났습니다. 그분은 자녀가 어릴 때부터 아낌없이 투자해서 첼로를 가르쳐 주었고, 예술중학교와 예술고등학교를 보내며 첼리스트로 성장할 수 있도록 도와주었습니다.

그런데 문제가 생겼습니다. 그분의 딸은 아빠가 첼리스트의 꿈을 너무 주입하다 보니까 첼로를 잘할는지는 모르지만 정작 첼로를 연주하는 것을 좋아하지 않았고 첼로에 대한 스트레스가 굉장히 심했습니다. 당시 제자였던 그 학생은 어느 날 저에게 이렇게 말했습니다.

"저는 첼리스트가 되기 싫어요. 그런데 저는 첼로 연주를 할 수밖에 없어요. 첼리스트는 아빠의 꿈이기 때문이에요."

'부모의 인생 따로, 자녀의 인생 따로'라는 사실을 절대 잊지 말아야 합니다. 자녀는 부모의 부속품이 아닙니다. 자녀는 부모와 다른 독립적 개체로서 하나님의 것이며, 하나님이 자녀를 이 세상에서 잘 키우라고 우리에게 맡겨 주셨다는 청지기 의식을 가지고 살아야 합니다.

베드로전서 2장 9절에는 "너희는 택하신 족속이요 왕 같은 제사장들이요 거룩한 나라요 그의 소유가 된 백성이니 이는 너희를 어두운 데서 불러내어 그의 기이한 빛에 들어가게 하신 이의 아름다운 덕을 선포하게 하려 하심이라"라고 나옵니다. 부모도 그렇지만 자녀도 하나님의 소유가 된 백성이라는 사실을 굳게 믿어야 합니다.

❁ 기독 학부모의 소명 2_ 자녀가 하나님의 가치로
        살아가도록 키운다

둘째로, 학부모로서 소명을 받았다는 것은 부모가 세상의 가치가 아니라 하나님의 가치로 살아가며, 자녀도 세상의 가치가 아니라 하나님의 가치를 가지고 공부하도록 키우는 것을 의미합니다. 하나님을 믿고 사는 우리는 이 세상 속에서 살고 있습니다. 그렇기 때문에 우리 안에 늘 하나님의 가치와 세상의 가치가 주도권 싸움을 합니다. 우리는 하나님의 가치로 무장된 삶을 살아가기 위해 성령 충만해야 합니다.

세상의 가치

야고보서 4장 4절에는 "간음한 여인들아 세상과 벗 된 것이 하나님과 원수 됨을 알지 못하느냐 그런즉 누구든지 세상과 벗이 되고자 하는 자는 스스로 하나님과 원수 되는 것이니라"라고 나오고, 요한일서 2장 15절에는 "이 세상이나 세상에 있는 것들을 사랑하지 말라 누구든지 세상을 사랑하면 아버지의 사랑이 그 안에 있지 아니하니"라고 나옵니다.

그렇다면 세상의 가치는 구체적으로 무엇을 가리킬까요? 세상의 가치에 대해서 정확하게 언급하고 있는 성경 구절은 바로 요한일서 2장 16절입니다.

> "이는 세상에 있는 모든 것이 육신의 정욕과 안목의 정욕과 이생의 자랑이니 다 아버지께로부터 온 것이 아니요 세상으로부터 온 것이라"(요일 2:16).

이 구절에서 "육신의 정욕"과 "안목의 정욕"과 "이생의 자랑"

이 바로 세상의 가치에 해당하는 내용입니다. 영어 성경(KJV)에서 "육신의 정욕"은 "the lust of the flesh"이고, "안목의 정욕"은 "the lust of the eyes"이며, "이생의 자랑"은 "the pride of life"입니다.

"육신의 정욕"은 우리의 육신에 편리한 것을 차지하려는 욕심이고, 이것은 자기 자신만 잘 먹고 잘 살려는 이기주의와 연결됩니다. "안목의 정욕"은 우리 눈에 보기 좋은 것을 차지하려는 욕심이고, 이것은 무한 경쟁주의와 연결됩니다. "이생의 자랑"은 우리 삶에서 다른 사람들보다 많이 가지고 있는 것에 대해서 뽐내는 교만입니다.

부모가 이러한 세상의 가치를 가지고 자녀를 공부시키면 자녀 또한 세상의 가치를 가지고 공부를 하게 됩니다. 그러면 공부의 목적, 공부의 과정, 공부의 결과가 다 하나님의 가치와는 반대로 세상적이 됩니다.

즉 공부의 목적은 자신의 육신에 편리한 것을 가지고 누리기 위함이 됩니다. 공부의 과정은 무한 경쟁주의로 수단과 방법을 가리지 않고 자신만 공부를 잘하기 위해 노력하게 될 수 있습니다. 또한 공부의 결과 우리 자녀는 공부를 잘해서 좋은 학벌을 갖추고 원하는 직업을 가지고 돈을 많이 번 후에 교만하여 다른 사람 위에 군림하고 갑질하는 인생이 될 수 있습니다. 따라서 부모 먼저 하나님의 가치로 살아가야 하며, 자녀도 하나님의 가치를 가지고 공부하도록 키워야 합니다.

하나님의 가치

하나님의 가치는 "육신의 정욕"의 반대인 '희생'입니다. 요한복음 12장 24절에서 예수님은 "내가 진실로 진실로 너희에게 이르노니 한 알의 밀이 땅에 떨어져 죽지 아니하면 한 알 그대로 있고 죽으면 많은 열매를 맺느니라"라고 말씀하셨습니다. 희생해야 생명이 살아나는 역사가 일어난다는 것입니다.

사실 예수님의 이 말씀은 예수님 본인의 삶을 가리켜 하신 것입니다. 우리가 믿는 예수님은 인간의 죄를 대신 지고 십자가의 대속물이 되기 위해 하늘의 모든 권세와 능력을 버리고 이 낮고 낮은 땅에 종의 모습을 가지고 오셨습니다. 그리고 이 땅에서 가장 가난하게, 가장 어렵게 고난 가운데 사시다가 인류 구원을 위해 십자가에서 처절하게 돌아가셨습니다.

예수님은 희생하시며 이 세상에 오셨고, 희생하시며 이 세상에서 사역하셨고, 희생하시며 이 세상에서 돌아가셨습니다. 그럼으로써 인간의 죄의 문제를 해결하셨고, 우리는 예수님으로 인해 구원을 받고 살아나서 영원한 생명을 얻었습니다. 빌립보서 2장 5-8절이 예수님의 희생을 정확하게 이야기해 줍니다.

"너희 안에 이 마음을 품으라 곧 그리스도 예수의 마음이니 그는 근본 하나님의 본체시나 하나님과 동등 됨을 취할 것으로 여기지 아니하시고 오히려 자기를 비워 종의 형체를 가지사 사람들과 같이 되셨고 사람의 모양으로 나타나사 자기를 낮추시고 죽기까지 복종하셨으니 곧 십자가에 죽으심이라"(빌 2:5-8).

그다음 하나님의 가치는 "안목의 정욕"의 반대인 '사랑'입니다. 사랑하면 어떤 역사가 일어날까요? 함께 살아가고 함께 승리하는 상생의 역사가 일어납니다. 고린도전서 13장 13절에는 "그런즉 믿음, 소망, 사랑, 이 세 가지는 항상 있을 것인데 그중의 제일은 사랑이라"라고 나옵니다. 그리고 우리가 믿는 하나님 자체가 사랑이십니다.

성경에서 사랑은 하나님의 성품과 하나님의 능력에 중복되어 나옵니다. 갈라디아서 5장 22-23절에는 성령의 아홉 가지 열매, 즉 하나님의 성품, 인격이 나오는데 첫 번째가 사랑입니다. 고린도전서 13장에서는 하나님의 은사, 즉 하나님의 가장 큰 능력으로 사랑이 나옵니다.

하나님의 성품을 대변하는 것도 사랑이고, 하나님의 능력 중에 제일 큰 것도 사랑입니다. 그래서 하나님은 사랑 그 자체이십니다. 요한일서 4장 8절을 보면 "하나님은 사랑이심이라"라고 나와 있습니다. 하나님의 존재 자체가 바로 사랑이라는 것입니다. 하나님의 속성이 바로 사랑입니다.

우리는 누군가를 설명할 때 형용사를 사용합니다. "그 사람은 착하다", "그 사람은 성실하다", "그 사람은 멋있다"라고 할 때 '착한', '성실한', '멋있는'과 같은 형용사는 명사, 즉 존재를 묘사하는 말이지 명사 그 자체, 존재 그 자체는 아닙니다. 그런데 하나님을 설명할 때는 '하나님은 사랑이 많은'이라는 형용사가 아니라 '하나님은 사랑'이라는 명사가 사용됩니다. 그러니까 하나님은 사랑 그 자체, 사랑의 본체시라는 뜻입니다. 헬라어로 하나님의 사랑인 '아가페'는 '무조건적인 사랑'을 의미합니다. 이 사랑이 있을 때 함께 살아나는 상생의 역사가 일어납니다.

마지막으로 하나님의 가치는 "이생의 자랑"의 반대인 '겸손'입니다. 예수님은 겸손의 왕이십니다. 예수님은 "나는 마음이 온유하고 겸손하니 나의 멍에를 메고 내게 배우라 그리하면 너희 마음이 쉼을 얻으리니"(마 11:29)라고 말씀하셨습니다.

겸손은 가진 자가 할 수 있는 것입니다. 가졌지만 가지지 못한 사람을 배려하면서 자세를 낮추는 것이 겸손입니다. 예수님은 모든 것을 가지신 전능한 하나님이시기에 최고의 겸손의 왕이실 수 있는 것입니다. 예수님의 성육신 사건은 모든 것을 가지신 분이 자세를 낮춰서 인간에게 눈높이를 맞추어 인간에게 오신 인류 역사상 최고의 겸손의 사건입니다.

이러한 하나님의 가치를 가지고 자녀를 공부시키면 우리 자녀도 공부의 목적, 공부의 과정, 공부의 결과가 다 하나님의 가치가 됩니다.

즉 공부의 목적은 다른 사람의 생명을 살리기 위해, 다른 사람에게 희망을 주기 위해, 다른 사람을 돕기 위해 섬김과 희생을 하기 위함이 됩니다. 공부의 과정은 학업 과정 가운데 있는 동료들을 사랑하고 다 같이 잘되기 위한 상생의 마음을 가지고 하게 될 수 있습니다. 또한 공부의 결과 우리 자녀는 실력자가 되고 많은 것을 가지게 된 후에 가진 것을 뽐내지 않고 자세를 낮추어 겸손한 삶을 살아가게 됩니다.

�֎ 기독 학부모의 소명 3_ 하나님이 자녀를 인도하시는 대로
    순종한다

셋째로, 학부모로서 소명을 받았다는 것은 하나님이 우리 자녀를 하나님의 뜻 가운데서 인도하시는 대로 따라가는 일에 순종한다는 것입니다. 하나님의 소명을 받은 자는 하나님이 자기 인생의 주인이심을 믿고 살아가는 자입니다. 하나님의 소명을 받은 학부모는 하나님이 우리 자녀 인생의 주인이심을 믿고 순종하는 자입니다. 예수님을 만나고 예수님의 제자가 된 바울은 다음과 같이 고백했습니다.

"내가 그리스도와 함께 십자가에 못 박혔나니 그런즉 이제는 내가 사는 것이 아니요 오직 내 안에 그리스도께서 사시는 것이라 이제 내가 육체 가운데 사는 것은 나를 사랑하사 나를 위하여 자기 자신을 버리신 하나님의 아들을 믿는 믿음 안에서 사는 것이라"(갈 2:20).

고등학교 1학년 때 하나님을 인격적으로 만나기 전까지 제 인생의 좌우명은 "나는 내 인생의 주인이고 내 삶의 주관자다"였습니다. 그러나 예수님을 만나고 나서 이 문장의 주어가 바뀌

어쩌다 학부모

었습니다. 즉 제 인생의 주어가 '하나님'으로 변화되었습니다.

"하나님은 내 인생의 주인이시고 내 삶의 주관자시다."

하나님이 인생의 주어가 된 사람은 하나님이 앞서가셔야 합니다. 하나님이 인생의 지휘자가 되셔야 합니다. 부모인 우리는 자녀의 인생에서 하나님의 도구로 사용되는 것입니다. 하나님이 우리 자녀를 인도하시는 대로, 하나님이 알려 주시는 대로 순종하며 나아가야 합니다.

부모는 하나님 손에 들린 도구

출애굽기 4장을 보면, 하나님이 모세를 떨기나무에서 부르시며 "애굽으로 가서 내 백성 이스라엘을 데리고 나오라"라고 명령하십니다. 그때 모세는 자신은 말을 잘 못하고 어눌한 사람이라서 안 된다고 말씀드립니다. 그러자 하나님은 모세에게 "이제 가라 내가 네 입과 함께 있어서 할 말을 가르치리라"(출 4:12)라고 말씀하십니다. 말씀을 넣어 주시는 분은 하나님이십니다. 하나님이 다 하시고 모세는 하나님의 뜻을 이루기 위한 도구였던 것입니다.

예수님은 누가복음 12장에서 "사람이 너희를 회당이나 위정자나 권세 있는 자 앞에 끌고 가거든 어떻게 무엇으로 대답하며 무엇으로 말할까 염려하지 말라 마땅히 할 말을 성령이 곧 그때에 너희에게 가르치시리라"(눅 12:11-12)라고 말씀하셨습니다. 하나님께 순종하며 하나님의 뜻대로 나아가는 자에게는 하나님이 지혜를 주시고, 하나님이 알려 주십니다.

우리 자녀를 하나님의 뜻대로 인도하기 위해 하나님의 뜻을 알아야 합니다. 하나님의 뜻을 알려면 기도해야 합니다. 하지만 우리는 보통 내가 기도의 결론을 다 내리고 나서 그것을 달라고 기도합니다. 내가 원하는 자녀의 미래를 다 그려 놓고 기도합니다. 그러나 진짜 기도는 내가 결론부터 내린 후 드리는 것이 아닙니다. 하나님의 뜻을 구하고, 하나님을 앞세우고, 우리는 그 뜻을 따라가겠다고 결심하는 것이 바로 기도입니다.

우리는 단지 하나님을 따라가는 도구임을 잊지 말아야 합니다. 하나님께 쓰임 받는 도구일 뿐입니다. 그렇기 때문에 하나님이 항상 앞서가셔야 합니다. 하나님이 먼저 역사하셔야 합니다. "주님 말씀하시면"이라는 찬양의 가사가 하나님의 부르심을 받은 학부모의 삶의 주제 찬양이 되어야 합니다.

주님 말씀하시면 내가 나아가리다 / 주님 뜻이 아니면 내가 멈춰 서리다 / 나의 가고 서는 것 주님 뜻에 있으니 / 오 주님 나를 이끄소서 / 뜻하신 그곳에 나 있기 원합니다 / 이끄시는 대로 순종하며 살리니 / 연약한 내 영혼 통하여 일하소서 / 주님 나라와 그 뜻을 위하여 / 오 주님 나를 이끄소서

하나님의 뜻대로 순종하며 나아가고 자녀를 잘 양육한 후에는 누가복음 17장 10절 말씀처럼 "우리는 무익한 종이라 우리가 하여야 할 일을 한 것뿐이라"라고 고백해야 합니다.

어쩌다 학부모

성령 충만한 부모

하나님의 뜻대로 순종하며 살아가기 위해 성령 충만을 간구해야 합니다. 성령 충만하기 위해 기도 생활과 말씀 생활을 철저하게 해야 합니다. 예수님을 믿으면 우리 안에 성령님이 계속 내주하십니다. 그러나 충만은 다릅니다. 충만은 100% 채워지는 것입니다. 우리는 성령님으로 100% 채워지기 위해 노력하는 것입니다. 핸드폰을 충전하듯이 내 안을 성령님으로 채워야 합니다.

성령님으로 채워지지 않는 공간은 세상으로 채워지게 됩니다. 성령 충만함의 정도가 50% 미만이면 어떻겠습니까? 우리 안에 세상의 영역이 더 크다면 기독 학부모이지만 세상 학부모와 다를 바가 없게 됩니다. 성령 충만을 간구하십시오. 하나님이 주십니다. 누가복음 11장 13절 말씀을 붙들어야 합니다.

> "너희가 악할지라도 좋은 것을 자식에게 줄 줄 알거든 하물며 너희 하늘 아버지께서 구하는 자에게 성령을 주시지 않겠느냐"(눅 11:13).

❀ 자녀의 연령대별 학부모의 소명

초등학교 저학년 자녀를 키우는 학부모

초등학교 저학년 자녀는 아직 부모의 절대적인 영향권 안에 있습니다. 부모의 말을 들으며, 부모의 말에 의해서 가치관과 신앙과 학업에 대한 태도가 형성되는 시기입니다. 하얀 도화지에 처음 밑그림을 그리는 것에 비유할 수 있을 만큼 이 시기는 매우 중요합니다.

초등학교 저학년 자녀를 키우는 부모는 자녀에게 하나님을 잘 믿는 신앙이 인생을 살아가는 데 있어 가장 중요한 것임을 깨닫게 해 주어야 합니다. 자녀가 어릴 때부터 하나님을 찾고 하나님을 의지하고 하나님과 동행하는 삶을 살아갈 수 있도록 철저한 신앙 교육과 훈련을 해야 합니다. 특히 예배를 소중히 여기고 바른 예배자가 될 수 있도록 인도해야 합니다.

그리고 이 시기부터 자녀가 학업에 대한 태도를 형성하게 됩니다. 학업에 대한 태도는 부모에 의해 큰 영향을 받습니다. 따라서 부모는 자녀가 공부에 흥미와 재미를 가질 수 있도록 공부에 대한 좋은 이미지를 심어 주어야 합니다.

이때는 공부에 대해 잔소리하는 것을 조심해야 합니다. 잔소리를 많이 하면 공부에 흥미와 재미를 느끼기도 전에 공부를 일로 느끼면서 공부를 싫어하게 됩니다. 공부에 대해서 초등학교 저학년 때부터 마음이 닫혀 버리면 그 이후에 마음을 여는 데는 정말 많은 노력이 필요합니다.

부모는 자녀에게 공부를 왜 하는 것인지 친절하게 설명해서 공부가 자기 자신에게 유익한 것임을 깨닫게 해 주고, 자녀가 공부를 하다가 잘 모르는 부분이 있으면 자세하게 알려 주어야 합니다. 그리고 자녀가 공부를 할 때 부모도 옆에서 함께하면서 공부하는 습관을 천천히 심어 줄 필요가 있습니다.

초등학교 고학년 자녀를 키우는 학부모

보통 초등학교 4학년을 지나면서부터는 사춘기 경향성이 나타납니다. 자녀에게 신체적, 정신적(심리적) 부분에서 변화가 진행되며 어린이의 모습을 벗어나게 됩니다. 자기 자신이 주체적으로 판단하고 행동하려고 하기에 부모의 일방적인 지시나 명령에 대해 반발하기 시작합니다.

그렇기 때문에 부모 입장에서는 혼란을 느끼게 됩니다. 이전까지는 부모 말을 잘 듣던 아이가 말대꾸하고 자신이 원하는 대로 행동하려고 하니까 화가 나기도 합니다. 그래서 자녀와 말다툼하는 횟수가 늘어나고 자녀를 혼내는 경우가 잦아집니다. 물론 자녀를 혼낸다고 자녀가 무서워하거나 부모님 말씀을 잘 들어야겠다고 결심하는 것은 아닙니다. 오히려 갈등만 더 쌓일 뿐입니다. 이런 상황에 신앙과 공부를 강요하면 자녀는 부모 말을 더 듣지 않게 됩니다.

따라서 이 시기에 중요한 교육적 방법은 바로 '모델링'입니다. 잔소리를 해서 변화를 유도하는 것이 아니라 부모가 먼저 모범적 행동을 보이고 자녀가 따라 하게 하는 것입니다. 신앙에 있어서 먼저 부모가 열심히 예배드리고, 간절히 하나님께 기도하고, 말씀을 읽고 묵상하는 것입니다. 이 모습을 자녀가 보면서 결국 자연스럽게 따라 하게 되는 것입니다. 공부에 있어서도 부모가 먼저 열심히 공부하고 책 읽는 모습을 보여 주어야 합

니다. 잔소리가 아닌 모델링으로 자녀가 변화될 수 있다는 점을
분명히 기억해야 합니다.

중학생 자녀를 키우는 학부모

우리나라 중학생 시기는 가장 스트레스가 많은 때입니다. 그
래서 '중2병'이라는 말이 있을 정도입니다. 일단 중학생 시기에
는 호르몬의 변화로 인해 사춘기의 특징이 폭발적으로 발현되
기에 자녀가 혼란함을 느낍니다. 감정의 기복도 심해집니다.

또한 우리나라는 초등학교의 문화와 중학교 문화가 매우 다
릅니다. 그래서 초등학교 6학년을 마치고 중학교 1학년이 되어
서 학교를 다닐 때 자녀가 겪는 혼란함과 스트레스가 가장 큽니
다. 초등학교 6학년 때까지는 그나마 창의적인 교육, 경험 중심
의 교육을 받는데, 중학교 1학년이 되면 '대학 입시'라는 단어가
나오면서 주입식 교육이 강조되고 시험이 더 중요해지기 때문
입니다.

부모는 이러한 상황을 인지하고 자녀를 위로하고 자녀의 이
야기를 들어 주는 시간을 많이 가져야 합니다. 지금 학교생활을
하면서, 삶을 살아가면서 가장 큰 어려움과 스트레스가 무엇인
지 자녀의 이야기를 들어 주고 친절하게 조언하면서 자녀에게
힘을 북돋아 주어야 합니다.

그리고 중학생 때는 질문을 던지는 시기입니다. 질문을 던지
면서 지금까지 내가 믿어 왔던 것, 부모로부터 주입됐던 것들이
사실인지를 확인하는 것입니다. 그러면서 지적 성장이 이루어

집니다. 그래서 신앙에 대해서도 물음표를 던지게 됩니다. 이 시기에 부모는 자녀가 신앙에 대해 궁금해하는 내용, 이해하지 못하고 있는 내용에 관해 질문을 허용하고 최대한 친절하게, 아는 범위 안에서 설명해 줄 수 있어야 합니다. 머릿속에서 끊임없이 질문을 던지는 자녀에게 다짜고짜 믿으라든지, 그냥 받아들이라는 말은 강요가 되기 때문에 자녀가 더 반발하게 만들 수 있습니다.

이 시기에는 자녀에게 간증을 하면 좋습니다. 간증하는 방법은 부모가 언제 하나님을 인격적으로 만났는지, 그리고 지금 하나님을 믿고 살아가니까 어떤 면이 좋고 행복한지를 자녀에게 솔직히 전해 주는 것입니다. 그런데 주의할 사항이 있습니다. 여기까지 말하고 나서 "그래서 너도 나처럼 해야 한다"라는 말을 덧붙이면 강요가 될 수 있고, 이는 질문을 던지는 시기의 자녀로 하여금 또다시 반발을 불러일으킬 수 있습니다. 부모 자신의 신앙 이야기만 솔직하게 하면 되는 것입니다.

공부에 있어서도 학교와 학원에서 선생님이 가르쳐 주는 내용을 무작정 반복해서 학습하고, 중요한 부분은 무조건 암기하는 식의 공부 방법은 이 시기 자녀의 특징으로 볼 때는 적절하지 않을 수 있습니다. 자칫 공부의 흥미를 완전히 떨어뜨릴 수 있습니다. 중학생 시기는 아직 대학 입시가 바로 코앞에 있는 것이 아니기 때문에 진도를 천천히 나갈 수 있습니다. 대신 공부하는 내용에 대해 질문을 던지고 자기 나름대로 분석하고 탐구하는 가운데 이해하는 식으로 공부가 진행될 수 있도록 부모가 도와주어야 합니다.

고등학생 자녀를 키우는 학부모

고등학생 시기는 대학 입시를 위해 모든 에너지를 쓰고 열정을 다해 열심히 공부하는 시기입니다. 대학 입시에 대한 스트레스가 매우 심하고 시험 성적에 대해 매우 예민하게 반응하는 시기입니다.

이 시기는 부모의 영향 아래서 공부하는 때는 이미 지나갔고, 학교 교사, 학원 교사, 과외 교사의 영향 아래서 공부하는 시기이고, 독서실 및 스터디 카페에서 주로 시간을 보내며 개인 공부를 하는 때입니다. 따라서 부모는 응원하고 격려하는 역할을 충실히 하고, 자녀가 지치지 않도록 중간중간 스트레스를 해소해 주고, 쉼을 제공하는 역할을 해야 합니다.

이때는 "공부해라"라고 말하는 것이 아니라 오히려 "천천히 해라. 스트레스 받지 말고 해라. 쉬면서 해라"라고 말해야 합니다. 이 시기에 "더 열심히 해라. 입시가 코앞에 있으니 죽을힘을 다해 공부해라"라고 말하면 자녀는 공부 스트레스를 견디지 못하게 됩니다. 이 시기 자녀는 공부에 대한 압박감이 극심하기 때문에 부모는 공부를 강요하는 이야기를 하면 안 되고, 쉼을 권유하는 말을 해야 합니다.

그리고 대학 입시가 진로와 바로 연결되기에 부모는 자녀의 진로에 관해 관심을 가지고 자녀와 함께 진로 이야기를 나눌 수 있어야 합니다. 그리고 이 공부는 그냥 해야 되니까 하는 것이 아니라 하나님이 자녀에게 주신 꿈을 이루기 위해 하는 것임을 말해 주면서 자녀의 공부 동기를 점검하며 자녀에게 희망을 주어야 합니다.

신앙에 있어서는 공부하느라 신앙생활을 뒷전에 두지 않도록, 꾸준하게 신앙생활을 할 수 있도록 격려하고 도움을 주어야 합니다. 예배는 그 어느 시간보다 가장 중요한 최우선 순위이기에 공부하느라 아무리 바빠도 주일예배에 절대 빠지게 해서는 안 됩니다.

특히 고등학교 3학년 때 신앙이 중요합니다. 왜냐하면 고등학교 3학년 때 신앙생활이 청년부 신앙생활로 연결되기 때문입니다. 신앙은 올라가거나 내려가거나 둘 중 하나입니다. 현 상태 유지는 없습니다. 또한 신앙의 특성은 올라가기는 어렵지만 내려가기는 매우 쉽다는 것입니다. 따라서 고등학교 3학년 때 예배를 등한시하고 신앙생활을 제대로 하지 않으면 신앙을 잃어버릴 위험이 있습니다.

대학생이 되어서 신앙생활을 잘하겠다고 말하는 학생들이 간혹 있는데, 고등학교 3학년 때 신앙생활을 제대로 하지 않았다면 불가능합니다. 대학 진학 후 대학 생활이 바쁘고 대학 생활에서 재미있는 것들을 경험하게 되면 교회에 나오지 않게 되는 것입니다. 따라서 부모는 고등학교 3학년 때뿐만 아니라 고등학교 전 기간에 예배가 가장 소중한 최우선 순위임을 자녀에게 알려 주어야 하고 예배 생활을 잘할 수 있도록 인도해야 합니다.

이 외에도 자녀를 위로하고 응원하고 소망을 불어넣어 주는 하나님의 말씀을 포스트잇에 써서 전달하거나 카카오톡 등 SNS로 보내 주면 자녀가 위로와 힘을 얻을 것입니다. 자녀에게 위로와 힘이 되는 대표적인 하나님의 말씀은 다음과 같습니다.

"두려워하지 말라 내가 너와 함께함이라 놀라지 말라 나는 네 하나님이 됨이라 내가 너를 굳세게 하리라 참으로 너를 도와주리라 참으로 나의 의로운 오른손으로 너를 붙들리라"(사 41:10).

"여호와의 말씀이니라 너희를 향한 나의 생각을 내가 아나니 평안이요 재앙이 아니니라 너희에게 미래와 희망을 주는 것이니라"(렘 29:11).

"평안을 너희에게 끼치노니 곧 나의 평안을 너희에게 주노라 내가 너희에게 주는 것은 세상이 주는 것과 같지 아니하니라 너희는 마음에 근심하지도 말고 두려워하지도 말라"(요 14:27).

하나님의 말씀에 능력이 있습니다. 하나님의 말씀으로 우리 자녀는 위로와 힘과 소망을 얻을 것입니다.

어쩌다 학부모

✖ 성찰과 결심

1. 나는 학부모로서 소명을 받은 자입니까?

_____

_____

2. 학부모로서 하나님의 소명을 받았다는 말의 세 가지 의미는 무엇입니까?

_____

_____

3. 그동안 학부모로서 소명을 받은 자답게 살지 못했던 이유는 무엇이라고 생각합니까?

_____

_____

4. 기독 학부모와 세상 학부모의 가장 큰 차이점은 어디서 찾을 수 있습니까?

_____

_____

5. 하나님이 기뻐하시는 학부모가 되기 위해 구체적으로 결단해야 하는 내용은 무엇입니까?

_____

_____

신앙도 좋고
공부도 잘하는 자녀

✤ 신앙이냐, 학업이냐

한국 교회 중·고등부는 감소 추세가 심각한 상황이고, 이제 위기를 넘어서서 생존을 걱정하고 있습니다. 최근 교회 안에서 중·고등부 학생 수가 급감한 이유는 코로나19의 영향도 있고, 세속화는 물론 인구 감소 영향도 있겠지만, 예전부터 중·고등부 부흥을 방해하고 학생들을 힘들게 한 주요 요인으로 바로 학업을 꼽을 수 있습니다. 주일에도 학원을 가야 하고, 과외를 받아야 하고, 독서실이나 스터디 카페에 가서 공부를 해야 하기 때문에 주일예배에 나오기 힘든 것입니다.

학생 스스로 판단해서 교회가 아닌 학원으로 가기도 하지만, 학생은 교회에 나오고 싶은데 부모에게 떠밀려서 학원에 가는 경우도 많습니다. 고등학교 3학년은 교회 절기 때에만 나오고 일상적인 주일예배는 빠지는 것을 당연하게 여기는 것이 바로 한국 교회 중·고등부의 문화입니다. 이 상황은 교회 내 중직자들의 자녀조차 예외가 아닙니다.

자녀가 주일에 학원에 가지 않으면 다른 학생들에게 밀릴 수 있고, 주일 오전 내내 교회에 다녀오면 공부 사이클이 깨질 수 있다는 두려움이 부모에게 있을 수 있습니다. 주일에도 학원에서 학업 진도가 나가는데 우리 자녀만 빠지기 어렵다는 상황적 한계도 분명히 있습니다. 마음으로는 신앙이 중요하다고 생각하지만 정작 '신앙이냐, 학업이냐'라는 선택의 문제 앞에서는 학업을 선택하는 경우가 많은 것입니다.

저는 부모 부흥회에 강사로 초청되어서 설교하는 경우가 많습니다. 부모들에게 제가 외칩니다.

"우리 자녀의 삶을 인도하시는 분은 학원 선생님이 아니라 전능하신 하나님입니다!"

그러면 부모들은 "아멘!"을 외칩니다. 부흥회 현장에서는 우리 자녀의 삶에서 '하나님 우선순위'라는 확신을 가지게 되지만, 교회 문만 나가면 다시 '학업 우선순위'로 바뀝니다. 신앙 고백과 실제 삶이 따로 진행되고 있는 것입니다. 이것에 대해서 힘들어하는 부모들도 있고, 현실이 그러니 어쩔 수 없다고 생각하는 부모들도 있습니다.

✖ 신앙-학업 간의 네 가지 관계 유형

제가 부모들을 만나 이야기하면서 느낀 점은 많은 부모가 신앙과 학업 간의 바른 관계를 모르고 있다는 것입니다. 제가 연구한 바에 의하면, 기독 학부모들은 신앙과 학업 간의 관계에 대해서 크게 네 가지 유형을 가지고 있음을 발견할 수 있었습니다.[1]

		학업에 대한 강조	
		적음	많음
신앙에 대한 강조	적음	신앙형식유형	신앙도구유형
	많음	신앙보호유형	신앙학업통합유형

신앙형식유형

신앙-학업 관계에 있어서 신앙형식유형은 부모가 신앙에 대한 강조도 적고, 학업에 대한 강조도 적은 상태를 가지고 있는 것을 말합니다. 한마디로 이 유형은 신앙과 학업 사이에 큰 연결점이나 고리가 없는 형태이고, 신앙과 학업이 큰 관련이 없다고 보는 유형입니다. 신앙은 신앙이고 학업은 학업이라는, 즉

---

1 김성중, "신앙-학업 관계 유형을 위한 이론과 신앙-학업 '통합 유형'의 실제 연구", 〈기독교교육논총〉(2019, no. 60), 195-225쪽에서 제시한 신앙-학업 관계 유형의 네 가지 형태를 참고해서 아이디어를 얻음.

어쩌다 학부모

신앙과 학업을 별개의 것으로 보는 것입니다.

신앙에 관한 관심도 크지 않고, 학업에 관한 관심도 크지 않아서 신앙생활을 하는 것이 학업에 영향을 준다고도 보지 않습니다. 주일에만 교회에 나오는 선데이 크리스천 부모 중에 생계로 바쁘게 살다 보니 자녀의 학업에 신경 쓸 겨를이 없어지는 경우가 있을 수 있습니다.

신앙보호유형

신앙-학업 관계에 있어서 신앙보호유형은 부모가 신앙에 대한 강조는 많고, 학업에 대한 강조는 적은 상태를 가지고 있는 것을 말합니다. 이 유형은 교회에 열심히 다니는 신실한 부모에게서 주로 발견되는데, 교회에서 신앙생활을 잘하는 것이 인생의 목적이기 때문에 공부를 잘하는 것보다 하나님을 잘 섬기는 것에 최우선 가치를 두는 것을 말합니다.

학업이 신앙에 방해가 될 경우에는 학업을 포기하고 신앙을 선택합니다. 주일 성수를 철저하게 지키며, 주일에 예배드리는 것을 목숨처럼 지킵니다. 자녀가 수련회 같은 교회 행사에 빠지지 않고 출석하도록 합니다. 신앙보호유형의 부모는 주일에 학원을 보내는 기독 학부모를 보면 정죄하는 모습을 보이기도 합니다.

신앙도구유형

신앙-학업 관계에 있어서 신앙도구유형은 부모가 신앙에

대한 강조는 적고, 학업에 대한 강조는 많은 상태를 가지고 있는 것을 말합니다. 이 유형은 신앙과 학업 중에 학업에 관심을 더 많이 가지고 있는 유형으로, 쉬운 예로 예배 시간과 학원 시간이 겹치면 학원을 선택합니다. 이 유형을 가만히 살펴보면, 학업이 목적이 되고 신앙이 도구가 되는 유형이라고 말할 수 있습니다. 즉 신앙이 학업을 위한 도구가 되어 복 받는 것이 신앙생활의 목적이 되는 기복주의와 닮은 형태라고 할 수 있습니다.

의외로 많은 부모가 이 유형에 속해 있음을 부모들과의 대화 가운데 발견하게 됩니다. 주일에 교회에 와서 예배드리고 하나님을 믿으면 공부 잘하는 복을 받을 것이라고 기대하는 것입니다. 즉 공부 잘하는 복을 받는 것이 신앙의 목적이 되고, 신앙은 공부 잘하는 복을 받기 위한 도구가 되어 버립니다.

신앙학업통합유형

신앙-학업 관계에 있어서 신앙학업통합유형은 부모가 신앙에 대한 강조도 많고, 학업에 대한 강조도 많은 상태를 가지고 있는 것을 말합니다. 이 유형은 신앙도 중요하게 보고, 학업도 중요하게 보는 통합유형입니다. 한마디로 신앙도 좋고 공부도 잘하는 자녀로 키우겠다는 의지가 드러나는 유형입니다.

신앙학업통합유형은 신앙도구유형과 반대로 신앙이 목적이 되고, 학업이 신앙을 위한 도구가 됩니다. 신앙이 학업을 하게 하는 동기가 되는 것입니다. 신앙학업통합유형에서는 하나님을 잘 믿음으로 말미암아 하나님의 꿈을 꾸는 신앙인이 되고,

그 꿈을 실현하기 위한 도구로서 학업이 필요한 것입니다. 공부를 열심히, 잘하기 위한 목적이 하나님의 꿈을 실현하기 위해서입니다.

✤ 기독 학부모가 추구할 유형은 신앙학업통합유형

신앙-학업 간의 네 가지 관계 유형에서 기독 학부모가 받아들이고 추구해야 하는 유형은 네 번째로 제시한 신앙학업통합유형입니다. 신앙 따로, 학업 따로 분리되지 않습니다. 신앙과 학업을 대립 구도로 보아 신앙을 강조하면서 학업을 무시하지도 않습니다. 학업을 강조하느라 신앙을 등한시하지도 않습니다. 학업을 잘하기 위해 신앙을 이용하지도 않습니다.

신앙학업통합유형을 통해 신앙과 학업을 동시에 강조하고, 신앙과 학업을 연결시켜야 합니다. 공부도 잘하고 신앙도 좋은 자녀로 키워야 합니다. 신앙이 동기가 되어 학업을 잘할 수 있는 자녀로 키워야 합니다.

우리 딸, 아들은 하나님과의 인격적인 만남을 통해 자신이 하나님의 자녀라는 사실을 확실하게 믿어야 합니다. 그리고 하나님을 경외하는 사람이 되어야 합니다. 또한 나만 잘 먹고 잘 사는 개인적인 꿈이 아니라 하나님을 기쁘시게 하는 하나님의 꿈을 발견하고 오직 하나님께만 영광 돌리는 삶을 살기 위한 결단이 있어야 합니다.

그리고 신앙 안에서 발견한 하나님의 꿈이 학업의 강한 동기가 되어서 하나님이 주시는 평안과 하나님의 능력과 지혜를 의지하는 마음을 가지고, 부지런하며 성실하게 땀을 흘리며 열심히 공부하고, 열심히 노력한 만큼의 정직한 결과를 기대해야 합니다. 이렇게 된다면 신앙과 학업은 함께 작동하고 통합적으로 연결되는 것입니다.

✽ 기독 학부모 커뮤니티가 필요하다

신앙학업통합유형으로 나아가기 위해서는 흔들리지 않는 부모 개인의 의지가 필요하겠지만, 흔들리지 않도록 같은 비전으로 나아가고, 서로 힘을 북돋아 주고, 신앙적인 격려와 응원을 해 줄 기독 학부모 커뮤니티가 필요합니다. 우리는 전도서 4장 12절 말씀을 붙잡고 나아가야 합니다.

"한 사람이면 패하겠거니와 두 사람이면 맞설 수 있나니 세 겹 줄은 쉽게 끊어지지 아니하느니라"(전 4:12).

신앙학업통합유형으로 나아가겠다고 결심해도 우리 자녀가 사는 세상은 입시 위주, 학업 중심의 문화입니다. 주중의 일상에서 만나는 또래 부모들은 대다수가 신앙이 없는 부모로서 세속적 관점에서 자녀의 진로를 이야기하고, 학업에 최우선 순위를 두며, 학원 문화나 입시 문화 가운데서 대화를 나눕니다. 그래서 그들과 주중에 함께하다 보면 어느새 신앙학업통합유형은 뜬구름 잡는 가치가 되기 쉽고 추상적이 되거나 흔들립니다.

따라서 신앙학업통합유형으로 나아가고자 결심하고, 자신의 자녀를 하나님을 잘 믿고 공부도 잘하는 자녀, 공부하는 목적이 신앙인 자녀, 하나님의 꿈을 꾸며 하나님의 꿈이 동기가 되어 열심히 공부하는 자녀로 키우려는 부모들끼리 기독 학부모 커뮤니티를 만들어야 합니다. 이 모임은 자발적으로 온라인으로 진행하거나 인근 지역에 사는 부모들끼리 정기적으로 만나 진행할 수도 있습니다.

우리는 기독 학부모라는 정체성을 굳게 붙들고 하나님이 기뻐하시는 방식으로 자녀를 키우고 공부할 수 있도록 도와주어야 합니다.

�֎ 성찰과 결심

1. 신앙 - 학업 간의 네 가지 관계 유형이 무엇입니까?

2. 나는 신앙 - 학업 간의 네 가지 관계 유형 중에 어디에 속한다고 생각합니까?

3. 신앙학업통합유형으로 나아가기 위해서는 나의 삶에 어떤 변화가 있어야 합니까?

4. 현재 나에게는 기독 학부모와 교제할 수 있는 커뮤니티가 있습니까?

5. 신앙학업통합유형으로 나아가기 위해 함께할 수 있는 주변 기독 학부모 동료들을 떠올려 보고, 그들과 커뮤니티를 형성하기 위한 구체적인 결심을 생각해 봅시다.

03

신앙학업통합유형으로 나아가라

✤ 신앙학업통합유형으로 나아가는 5단계

부모는 자녀가 신앙학업통합유형으로 나아갈 수 있도록 각 단계를 이해하고, 단계마다 필요한 기독 학부모로서의 역할을 감당해야 합니다. 신앙학업통합유형으로 나아가는 1단계는 하나님과의 인격적 만남의 단계이고, 2단계는 하나님을 경외하는 단계이고, 3단계는 하나님의 사명을 구체적으로 깨닫고 하나님의 꿈을 발견하는 단계입니다. 4단계는 하나님의 꿈을 통해 오직 하나님께만 영광을 돌리겠다고 결단하는 단계이고, 5단계는 하나님의 꿈을 위해 하나님이 주시는 참 평안과 하나님의 능력과 지혜를 의지하는 마음을 가지고, 부지런하며, 성실하게 열심히 공부하고, 정직한 결과를 기대하는 단계입니다.

✖ 1단계_ 하나님과 인격적으로 만나라

　신앙학업통합유형으로 나아가는 첫 시작점은 바로 하나님을 만나는 것입니다. 하나님을 인격적으로 만나야 신앙이 목적이 되는, 즉 신앙을 위한 학업, 하나님의 꿈을 실현하기 위한 준비 단계로서의 학업이 진행될 수 있습니다.

　하나님과 인격적으로 만나는 방법은 하나님을 간절히 찾는 것입니다. 하나님을 인격적으로 만날 때 자신이 진정한 죄인임을 깨닫게 되고, 내 죄의 문제를 스스로 해결할 수 없으며, 죄가 없으신 하나님의 아들 예수 그리스도의 대속의 피로 말미암아 우리 죄의 값이 치러졌음을 믿게 됩니다.

　그리고 갈라디아서 2장 20절에 기록된 바울의 고백처럼, 이제는 내 삶의 주인이 내가 아니라, 내 죄의 값을 대신 치러 주시고 생명을 살려 주신 구원자 예수 그리스도가 내 삶의 주인이심을 고백하게 되고, 예수 그리스도를 위한 삶을 살기로 결단하는 역사가 일어나게 됩니다.

　"내가 그리스도와 함께 십자가에 못 박혔나니 그런즉 이제는 내가 사는 것이 아니요 오직 내 안에 그리스도께서 사시는 것이라 이제 내가 육체 가운데 사는 것은 나를 사랑하사 나를 위하여 자기 자신을 버리신 하나님의 아들을 믿는 믿음 안에서 사는 것이라"(갈 2:20).

저는 이것이 바로 '소명'이라고 생각합니다. 제가 받아들이는 '소명'(召命)의 개념은 한자 '부를 소'(召)에 '목숨 명'(命)입니다. 즉 생명을 살리기 위한 부르심입니다.

베드로전서 2장 9절을 보면, "그러나 너희는 택하신 족속이요 왕 같은 제사장들이요 거룩한 나라요 그의 소유가 된 백성이니 이는 너희를 어두운 데서 불러내어 그의 기이한 빛에 들어가게 하신 이의 아름다운 덕을 선포하게 하려 하심이라"라고 나옵니다. 이 구절에서 "너희를 어두운 데서 불러내어"가 바로 '소명'이라고 생각합니다. 죽을 수밖에 없는 어두운 죄 가운데 더 이상 있지 말고 예수 그리스도의 복음의 빛, 구원의 빛, 생명의 빛으로 나오게 하시는 하나님의 부르심이 바로 소명인 것입니다. 그래서 자신이 죄인임을 깨닫고 예수 그리스도를 믿고 죄씻음에 대한 확신을 가진 자는 바로 소명에 응답한 자입니다.

부모는 자녀가 예수 그리스도를 구주로 믿고 삶의 주인으로 모시고 살아갈 수 있도록 신앙 교육에 힘을 써야 합니다. 아직 하나님을 인격적으로 만나지 못했거나 믿음에 대하여 확신이 없는 자녀가 있다면 하나님을 인격적으로 만나는 자리에 지속적으로 나아갈 수 있도록 도와주어야 합니다. 우리 자녀가 말씀 생활과 기도 생활, 예배 생활을 열심히 할 수 있도록 하고, 집중적으로 하나님을 찾고 하나님을 만날 수 있는 귀한 기회인 수련회에 참여할 수 있도록 해야 합니다.

이미 하나님을 인격적으로 만난 경험이 있는 자녀는 계속 하나님과 만날 수 있도록 꾸준한 신앙생활을 강조해야 합니다. 친구는 계속 만나야 더 친해지듯이, 최고의 친구 되신 예수님(요 15:15)을 지속적으로 만나고 또 만나야 합니다.

우리 부모는 자녀가 매일 말씀 생활과 기도 생활을 할 수 있는 시간을 허용해 주어야 합니다. 제가 청소년 사역을 하면서 안타까운 경우를 본 적이 있는데, 자녀는 매일 성경을 읽고 기도하는 시간을 가지고 싶어 하는데 기독 학부모가 그 시간을 제대로 허용하지 않는 것이었습니다. 하나님과 만나는 것이 가장 중요한 삶의 과제임을 부모가 실제적으로 느끼고, 부모부터 바른 신앙을 가지기 위해 노력해야 합니다.

2단계_ 하나님을 경외하고 찬양하라

하나님을 인격적으로 만난 자녀는 하나님을 경외하게 됩니다. 경외는 '존경해서 두려워하는 것'을 말합니다. 하나님을 정말 존경하면 하나님을 두려워하게 됩니다. 이 두려움은 하나님의 위대하심을 생각할 때 나옵니다. 이 두려움은 나와는 차원이 다르신, 높이 계신 하나님을 묵상할 때 나옵니다. 이 두려움은 모든 것을 아시고 모든 지혜와 능력이 있는 전지전능하신 하나님을 깨달을 때 나옵니다. 경외가 있을 때 하나님을 진정으로 찬양하고 높이며 하나님께 순종하게 됩니다.

기독 학부모는 하나님을 경외하지 않는 자녀 세대의 문화 가운데 우리 자녀를 하나님을 경외하는 자녀로 키워야 합니다. 세상과 타협하고 자신의 편리함과 손잡는 신앙이 아니라 하나님을 온전히 섬기는 자녀로 키워야 합니다.

제가 하나님을 인격적으로 만나고 나서 제 삶에서 변화된 부분 중에 하나는 하나님의 높고 위대하심을 찬양하게 되었다는 것입니다. 수련회에서 하나님을 인격적으로 만난 이후 집에 돌아온 제 삶에 찬양이 넘쳤습니다. 입술의 고백으로도 찬양하고, 곡조를 담은 노래를 통해서도 찬양하기 시작했습니다.

그전에는 교회에서 찬양을 해도 부르는 듯 안 부르는 듯 불렀고, '왜 이 찬양을 불러야 하지?' 하며 알지도 못한 채 찬양을 했습니다. 하지만 하나님을 인격적으로 만나니까 하나님을 찬양하는 것이 당연한 일이 되었고, 정말 행복한 일이 되었습니다. 주중에도 교회에 가서 피아노를 치면서 찬양했고 기도하면서 찬양했습니다.

우리는 "이 백성은 내가 나를 위하여 지었나니 나를 찬송하게 하려 함이니라"라는 이사야 43장 21절 말씀을 마음속 깊이 새겨야 합니다. 하나님은 하나님을 찬송할 존재가 필요해서 우리를 만드셨다는 것입니다. 그래서 우리 인생의 목적은 바로 하나님을 찬송하는 것입니다. 하나님을 높이고 찬양하는 자녀는 하나님의 말씀에 순종하는 삶으로 나아가게 됩니다. 성경을 읽고 묵상한 말씀을 삶에서 적용하려고 합니다. 설교 말씀을 듣고 삶에서 실천하려고 합니다.

우리 자녀가 하나님을 경외하는 자녀가 되기 위해서는 부모가 먼저 하나님을 경외하는 신앙을 갖추고 있어야 합니다. 그때 우리 자녀가 부모의 신앙을 닮아서 하나님을 경외하게 됩니다.

구체적인 팁을 드리면, 가정 안에 하나님을 찬양하는 문화를 만드는 것입니다. 집에서 음악을 틀어도 찬양을 틀고, 차로 이동할 때도 찬양을 트는 것입니다. 그리고 부모는 찬양을 부르는 것입니다. 저희 집에는 항상 찬양이 틀어져 있었습니다. 그래서 아침에 일어나도 찬양이 들리고, 집에 들어와도 찬양이 들렸습니다. 부모님과 함께 차를 타고 이동해도 찬양을 들었습니다. 그러니까 제 입술에서 찬양이 나오기 시작했습니다. 사람은 많이 들은 내용이 입으로 나오기 마련입니다.

이 외에도 주일에 예배드리고 설교 말씀을 듣고 오면 가족들이 저녁에 모여 오늘 들은 말씀을 일주일 동안의 삶 속에서 어떻게 구체적으로 적용할 것인지를 나누는 시간을 가지면 좋습니다. 그리고 최선을 다해 말씀을 적용하며 살고, 토요일에 한 주간 동안 말씀을 어떻게 적용하고 지키며 살았는지를 나누는 시간을 가집니다.

신앙은 훈련을 통해 성장합니다. 훈련은 반복입니다. 말씀을 삶에서 구체적으로 지키고 적용하는 훈련을 통해 신앙은 성장합니다.

❋ 3단계_ 하나님 사랑, 이웃 사랑으로 생명을 살리라

우리 자녀가 공부의 강력한 동기를 가지기 위해서는 사명을

발견해야 합니다. 원래 '사명'(使命)의 한자는 '맡겨진 임무나 명령'을 뜻하는데, 저는 '사'(使)를 '사'(事)로 바꾸고 싶습니다. 그래서 제가 정의하는 '사명'(事命)은 '일 사'(事)에 '목숨 명'(命)으로 '목숨을 걸고 해야 하는 일'입니다.

목숨을 걸고 해야 하는 일을 발견한 우리 자녀는 무섭게 공부하게 됩니다. 열심히 공부하게 됩니다. 저는 사명을 발견하고 나서 정말 무서울 정도로 열심히 자발적으로 공부했던 기억이 납니다. 누가 하라고 말한 것도 아닌데, 화장실 가는 시간도 줄이기 위해 제 방의 가구 배치를 바꿨던 기억이 납니다. 책상 옆을 책장으로 가로막아서 밖으로 나가기가 매우 힘들게 해 놓았습니다.

우리가 목숨을 걸고 해야 하는 일인 사명의 내용은 '하나님을 사랑하고 이웃을 사랑하는 것'입니다. 이것이 하나님의 꿈이고, 이 하나님의 꿈을 우리 자녀가 실천할 수 있어야 합니다. 우리 자녀는 지금 열심히 공부하고, 나중에 어느 직업을 가지고 일을 하면서 하나님 사랑과 이웃 사랑을 구체적으로 실천해야 합니다. 일 자체를 통해서도 하나님 사랑과 이웃 사랑을 실천하면서 하나님의 꿈을 이룰 수 있고, 일하면서 번 돈을 하나님 사랑, 이웃 사랑을 위해 사용하는 실천도 가능합니다.

하나님 사랑과 이웃 사랑은 분리되지 않습니다. 하나님과의 수직적 관계는 이웃과의 수평적 관계로 연결됩니다. 요한일서의 핵심 내용은 '이웃 사랑'인데, 하나님을 사랑한다고 하면서 이웃을 사랑하지 않는 자는 거짓이라고 합니다. 눈에 보이는 이웃을 사랑하지 못하면 눈에 보이지 않는 하나님을 사랑할 수 없다는 것입니다(요일 4:20). 그래서 하나님을 사랑하는 자는 반드시 이웃을 사랑하게 된다는 것입니다.

하나님 사랑, 이웃 사랑을 구체적으로 실천하는 것은 바로 생명을 살리는 것입니다. 하나님이 정말 기뻐하시는 일은 이웃의 생명을 살리는 것입니다. 가난하고 굶주린 자들에게 먹을 것을 주고, 아픈 자들을 고치면서 육체의 생명을 살리는 것입니다. 예를 들어, 아프리카 구호 NGO 사역을 하면서 아프리카의 굶어 죽어 가는 아이들에게 먹을 것을 주는 일, 의료계에서 일하면서 아픈 자들을 고쳐 주는 것은 육체의 생명을 살리는 일입니다.

육체의 생명을 살리는 일 외에 정신적으로 힘들고 괴롭고 불안정한 자들을 위로하고, 그들의 이야기를 들어 주고, 따뜻한 상담을 해 주는 것은 정신의 생명을 살리는 일입니다. 예를 들어, 상담 관련된 일을 직접적으로 하는 것, 직장에서 힘들어하는 동료들의 이야기를 들어 주고 위로해 주는 것은 정신의 생명을 살리는 일입니다.

그리고 모든 믿는 자들이 실천해야 하는 하나님의 꿈은 예수님을 모르고 죄 가운데 죽어 가는 자들에게 예수님의 복음을 전해 영의 생명을 살리는 것입니다. 예를 들어, 목회자나 선교사가 되어 직접적으로 사역을 하는 것, 선교단체와 기독교 출판 및 방송 등 기독교 기관에서 일하면서 복음을 전하는 것, 기독 실업인으로 복음을 전파하는 데 에너지를 쓰며 회사를 운영하는

어쩌다 학부모

것, 일상생활 속에서 주변 사람들에게 복음을 전하는 것은 영의 생명을 살리는 일입니다.

우리 자녀와 대화를 하다 보면 직업에만 관심을 갖는 경우가 많다는 것을 확인하게 됩니다. 저는 교회 다니는 청소년들에게 "너 나중에 뭐 할래?"라고 질문합니다. 그러면 그들은 흔히 이렇게 대답합니다.

"저는 의사/변호사/가수가 될래요."

제가 질문하면서 듣고 싶은 답변은 '하나님의 꿈'이었습니다. 의사가 되고, 변호사가 되고, 가수가 되는 것은 직업입니다. 직업은 하나님의 꿈을 위한 수단과 도구, 사명을 위한 수단과 도구입니다. 그런데 우리 자녀는 수단과 도구에만 관심을 갖고 있는 것입니다.

사실 수단과 도구가 중요한 것이 아니라 목적이 중요합니다. 목적을 위해 수단과 도구가 필요한 것입니다. 그래서 부모는 하나님 사랑과 이웃 사랑의 실천, 생명을 살리는 실천이 직업의 목적임을 자녀가 깨달을 수 있도록 해야 합니다. 자녀가 원하는 직업을 통해 어떻게 하나님 사랑, 이웃 사랑을 실천하고, 구체적으로 어떤 방법으로 이웃의 생명을 살릴지를 생각하고 기도하면서 찾게 해야 합니다.

하나님의 꿈과 개인적인 꿈을 구분할 수 있어야 합니다. 만약 변호사라는 직업을 가지기 원하는 목적이 돈 많이 벌고 잘 먹고 잘 사는 것이라면 그것은 개인적으로 누리는 개인적인 꿈입니다. 그러나 기독 학부모는 자녀가 단지 자기 자신만 잘 먹고 잘 살기 위한 개인적인 꿈에 머물지 않기를 원한다고 믿습니다.

기독 학부모는 자녀가 하나님께 쓰임 받는 일꾼이 되는 하나님의 꿈을 꿀 수 있도록 도와주어야 합니다. 진지한 대화를 할 때마다 자녀에게 끊임없이 다음과 같이 질문해서 답을 찾게 해야 합니다.

"네가 나중에 가지고 싶은 직업은 뭐니? 그 직업과 네가 가진 전문성을 통해서 하나님 사랑, 이웃 사랑, 생명을 살리는 일을 구체적으로 어떻게 실천할 생각이니?"

그러면 우리 자녀의 입술에서 놀라운 고백이 나올 것입니다.

"저는 의료 혜택을 제대로 받지 못하고 있는 섬 지역에 일 년에 한 달은 가서 의료 봉사를 하면서 생명을 살리는 하나님의 꿈을 실천하기 위해 의사가 되겠습니다."

"저는 아직도 먹을 것이 없어 굶어 죽어 가는 아프리카 아이들에게 먹을 것을 주면서 생명을 살리는 하나님의 꿈을 실천하기 위해 아프리카 구호 NGO 단체 대표가 되겠습니다."

"저는 분노와 우울의 문제 때문에 살 희망이 없다고 말하는 위기 청소년들을 위로하고 그들의 이야기를 들어 주며 생명을 살리는 하나님의 꿈을 실천하기 위해 청소년 전문 상담사가 되겠습니다."

"저는 비기독 학교에 들어가서 기독 동아리를 만들고 예배 모임을 인도하면서 학생들에게 예수님의 복음을 전하며 생명을 살리는 하나님의 꿈을 실천하기 위해 교사가 되겠습니다."

"저는 노래를 잘하는 재능으로 청년 집회에서 간증을 하고 찬양하면서 정신적으로 힘든 청년들을 위로하고 그들에게 하나님의 사랑을 전하겠습니다."

"저는 복음을 증거하면서 생명을 살리는 하나님의 꿈을 실천하기 위해 가수가 되겠습니다."

이같이 우리 자녀가 직업에만 관심을 가지는 것이 아니라 그 직업을 통해 하나님 사랑, 이웃 사랑을 어떻게 구체적으로 실천하고, 생명을 살리는 사명자가 될 것인지를 학창 시절에 고민하고 기도하면서 찾을 수 있도록 돕는 기독 학부모가 되기를 소망합니다. 그리고 이 놀라운 하나님의 꿈을 위해 열심히 공부하는 자녀가 되기를 원합니다.

�֍ 4단계_ 순수하게 하나님께만 영광을 돌리라

하나님을 인격적으로 만나고, 하나님을 경외함으로 나아가고, 하나님 사랑, 이웃 사랑, 생명을 살리는 하나님의 꿈을 꾸는 사람은 오직 하나님께 영광 돌리는 삶을 추구하게 됩니다.

하나님의 꿈을 실천한다고 해도 그것이 결국 자신을 높이고 자신에게 영광을 돌리는 결과로 나아갈 수 있습니다. 청소년 사역을 하다 보면 열심히 기도하면서 하나님의 꿈으로 나아가겠다고 말하는 학생들이 많습니다.

"하나님! 제가 하나님의 꿈을 이루겠습니다. 하나님의 꿈을 이루기 위해 좋은 대학에 갈 수 있도록/의대에 들어가도록/유명한 가수가 되도록 도와주세요!"

정말 이같이 말하고 기도하는 학생들이 있습니다. 이들은 진짜 하나님의 꿈을 이루기 위해 공부도 잘하게 해 달라, 대학 잘 가게 해 달라고 기도합니다. 중요한 것은 순수성입니다. 좋은 대학에 가는 것이, 자기가 원하는 직업을 가지는 것이 목적인데 하나님의 꿈을 운운하는 경우가 있습니다.

그래도 이렇게 말하는 것이 기특하지 않냐고 생각할 수 있지만, 하나님께는 진실해야 합니다. 하나님은 우리 마음의 중심을 보시는 분이기 때문입니다. 사무엘상 16장 7절에서 하나님은 "나 여호와는 중심을 보느니라"라고 강력하게 말씀하셨습니다. 우리 부모는 자녀가 신앙의 이름으로 자신의 개인적인 꿈과 욕심을 합리화하지 않도록, 정말 순수하게 하나님의 꿈으로 나아가고, 오직 하나님께 영광 돌리는 삶을 살겠노라는 지속적인 다짐과 결단을 할 수 있도록 계속 점검해 주어야 합니다.

정말 순수하게 오직 하나님께 영광을 돌리는 것이 목적인 자녀의 특징은 신앙생활을 잘한다는 것입니다. 말씀 생활과 기도 생활, 예배 생활을 하면서 지속적으로 하나님과 깊이 만나고 교제하면 오직 하나님께 영광 돌리는 것이 당연한 삶의 목적임을 깨닫게 됩니다.

하나님 사랑, 이웃 사랑을 실천하고, 생명을 살리는 하나님의 꿈으로 나아가는 가운데 돈을 많이 벌 수도 있을 것입니다. 명예와 권력이 주어질 수도 있습니다. 그러나 이것은 하나님의 꿈을 더 잘 실천하기 위한 수단으로 하나님이 맡겨 주신 것이라는 믿음을 가져야 합니다. 그래서 정말 하나님의 꿈으로 나아가고 오직 하나님께 영광 돌리는 사람은 청지기 의식을 가지고 살아갑니다.

하나님이 나에게 맡겨 주신 모든 것은 내 것이 아니라 하나님의 꿈을 위해 하나님의 일을 하라고 하나님이 맡겨 주신 것이라고 믿는 것이 바로 청지기 의식입니다. 청지기 의식이 있는 자는 하나님 앞에 겸손합니다. 그래서 돈이 많은 사람, 명예가 있고 권력이 있는 자는 더 부담스럽습니다. 하나님이 나에게 많이 맡겨 주신 것이기 때문입니다. 그래서 '이 돈과 명예와 권력을 가지고 하나님의 꿈을 어떻게 더 잘 실천할 수 있을까?'를 고민하고 거룩한 부담감을 가지게 됩니다.

반면에 청지기 의식이 없는 사람은 내게 있는 것이 내가 능력이 있고 실력이 있어서 가지게 된 것이라고 착각을 합니다. 따라서 그런 사람이 많은 것을 가지게 되면 우월감과 교만함에 빠지고 나보다 덜 가진 사람을 내려다보면서 소위 갑질을 하게 되는 것입니다.

우리 자녀는 하나님이 맡겨 주신 재능, 시간, 실력, 돈, 명예, 자리, 위치, 권력, 직업 등을 가지고 열심히 하나님의 꿈을 실천하며 살아가고 오직 하나님께만 영광 돌리는 사람이 되어야 합니다. 그러므로 우리 부모는 자녀가 공부하는 시절부터 다음과 같이 결단할 수 있도록 반복해서 가르치고 받아들이도록 양육해야 합니다.

'내가 하나님의 꿈을 실천하며 나아가다가 돈이 많이 생겨도, 좋은 위치에 서게 되어도, 사람들이 우러러보는 명예의 자리에 앉게 되어도 이것은 하나님의 꿈을 더 잘 실천하라는 뜻으로 하나님이 나에게 맡겨 주신 것이다. 그러므로 나는 청지기 의식을 굳건히 가지고 오직 하나님께만 영광 돌리는 사람이 되겠다!'

교육에 있어서 중요한 내용은 반복 학습을 할 필요가 있습니다. 반복 학습을 하면 결국은 그 내용이 자녀의 내면에 들어가게 되어 있습니다.

제 딸은 바이올린을 잘 켜며, 현재 연주 활동도 하고 있습니다. 저는 딸을 볼 때마다 이렇게 이야기합니다.

"네가 가지고 있는 음악적인 재능은 너의 것이 아니라 하나님이 너에게 맡겨 주신 것이란다. 그래서 겸손하게 연주하면서 오직 하나님께만 영광 돌리는 삶을 살아야 한다."

계속 반복해서 말하면 자녀가 듣기 싫어할 수도 있습니다. 그러나 놀랍게도 반복해서 들은 내용은 계속 생각나서 우리 자녀의 삶을 지배하고 이끌어 갑니다.

누가복음 5장에서 예수님은 나병 환자를 고치시고, 이 기적을 아무에게도 말하지 말라고 명령하십니다. 자신의 능력이 인정받고, 그럼으로써 사람들 사이에서 유명해지고, 자신의 명예가 높아지는 것을 우려하셨기 때문입니다. 이에 예수님은 나병 환자에게 제사장에게만 가서 자신이 깨끗해졌음을 증명하라고 하십니다.

어쩌다 학부모

그가 제사장에게 가서 깨끗한 몸을 보이면 제사장이 어떻게 반응하겠습니까? "이것은 놀라운 기적이다!"라고 고백하면서 하나님께 영광을 돌리지 않겠습니까? 그리고 이 치유된 나병 환자는 감사 예물을 드리면서 하나님께 감사드리고 하나님께 영광을 돌리지 않겠습니까? 예수님은 이것을 원하신 것입니다. 자신은 드러내지 않고 오직 하나님만 드러내시고, 자신은 영광 받지 않고 오직 하나님만 영광 받으시기를 원하신 것입니다.

예수님도 이 땅에서 오직 하나님께만 영광 돌리는 삶을 사셨습니다. 부모도, 자녀도 똑같습니다. 우리 삶의 목적은 오직 하나님께 영광 돌리는 것입니다.

✤ 5단계_ 하나님의 꿈을 위해 참 신앙인의 길을 걸으라

하나님이 주시는 참 평안

우리 자녀가 학업의 과정을 지나는 동안에 흔들릴 때가 있습니다. 그리고 사춘기에 호르몬의 변화로 인해서 감정의 기복이 심하고 짜증과 분노를 표현할 때가 많이 있습니다. 그럴 때면 우리 부모는 힘이 듭니다. 부모는 자녀의 감정 선을 따라가며 화났다가 슬펐다가 우울했다가 또 기분이 풀리곤 합니다.

우리 부모가 정말 원하는 것은 자녀의 마음속에 하나님의 참 평안이 임하는 것입니다. 우리 자녀가 하나님의 자녀로서 신앙 안에서 학업을 감당하게 되면 하나님이 주시는 참 평안을 경험할 것입니다. 하나님이 우리 마음 가운데 진정한 평안을 주심으로로 안정적으로, 힘들지 않게 학업의 과정을 밟아 나갈 수 있을 것입니다.

우리 부모가 노력해야 하는 부분은 먼저 예수님의 참 평안을 맛보고 평안의 모습으로 자녀를 대하는 것입니다. 자녀의 감정선을 똑같이 따라가지 말고 중심을 잡고 항상 일정한 평안의 모습으로 자녀에게 다가가는 것입니다. 또한 우리 자녀의 마음속에 예수님의 참 평안이 가득할 수 있도록 직접적으로 기도하는 것입니다.

요한복음 14장 27절에서 예수님은 "평안을 너희에게 끼치노니 곧 나의 평안을 너희에게 주노라 내가 너희에게 주는 것은 세상이 주는 것과 같지 아니하니라 너희는 마음에 근심하지도 말고 두려워하지도 말라"라고 말씀하십니다. 우리 자녀의 마음 가운데 예수님의 참 평안이 임할 수 있도록 부모가 간절히 기도할 때 예수님이 우리 자녀에게 참 평안을 선물로 주실 것입니다.

우리나라 대부분의 학생들은 대학 입시를 코앞에 둔 고등학교 3학년 시절이 제일 힘들 것입니다. 스트레스도 제일 많을 것입니다. 그러나 저는 솔직히 제 인생 가운데 가장 평안했던 시절을 꼽으라면 바로 고등학교 3학년 시절입니다. 그때는 이미 하나님의 꿈을 발견해서 그 꿈을 위해 공부하는 시간이었기 때문에 벅찬 가슴으로 학업에 매진했던 기억이 납니다.

당시 저는 사춘기의 요동치는 마음도 사그라져 평안 가운데서 하루하루 공부했습니다. 신앙생활도 정말 열심히 해서 주일 예배도 한 번도 빠지지 않았고 교회 봉사까지 했습니다. 또한 3박 4일 여름 수련회도 다 참석했습니다. 부모님이 그렇게 하라고 강요했기 때문이 아니라 제 마음이 평안했기 때문이었습니다. 그래서 저는 하나님이 주시는 참 평안을 확실히 믿습니다. 신앙 안에서 학업을 감당하는 우리 자녀에게도 하나님이 놀라운 평안을 선물로 주실 것입니다.

그리고 저는 학창 시절에 마음이 요동치거나 평안이 깨질 때는 찬양을 많이 들었습니다. 제 학창 시절은 카세트테이프로 음악을 듣는 시대였는데, 저는 아버지로부터 용돈을 받으면 기독교 서점에 가서 CCM 가수들의 찬양이 수록된 카세트테이프를 구입했습니다. 찬양을 듣다 보면 하나님이 제 마음 가운데 참 평안을 주시는 것을 경험했습니다.

부모는 자녀가 아이돌 가수의 음악만 듣지 말고 찬양을 들을 수 있도록 안내해야 합니다. 물론 찬양을 들으라고 강요할 수는 없습니다. 자녀와의 소통법에서 중요한 점은 바로 친절한 권유입니다.

"아빠는 학창 시절에 마음이 요동치거나 짜증이 나거나 괜히 화가 날 때는 찬양을 들었어. 그때 아빠가 주로 들었던 찬양은 '사랑하는 나의 아버지', '부흥' 등이었어. 지금은 유튜브에서 들을 수 있어. 그 찬양을 들으면 마음이 차분해지고 평안해지는 것을 경험했어."

친절하게 여기까지 말하는 것이 지혜입니다. 여기서 더 나아가 "그러니 너도 나처럼 찬양을 열심히 들어 봐라. 네가 들을 만한 찬양을 추천해 줄까?"라고 말하면 강요가 되기 때문에 자녀는 싫어하게 됩니다. 우리 자녀가 하나님이 주시는 참 평안 가운데 학업을 감당하기를 소망합니다.

하나님의 능력과 지혜 의지

하나님의 자녀는 하나님의 능력과 지혜를 의지하면서 학업을 감당하게 됩니다. 하나님은 모든 능력을 가지신 분입니다. 하나님은 모든 지혜를 가지신 분입니다. 우리가 대표기도 때 하나님을 "전지전능하신 하나님"이라고 부르는 것처럼, 하나님은 모든 것을 아시고 모든 능력이 있으신 분입니다.

누가복음 12장 7절에서 예수님은 "너희에게는 심지어 머리털까지도 다 세신 바 되었나니 두려워하지 말라"라고 말씀하십니다. 이 세상에서 나를 가장 잘 아는 사람은 나일 것입니다. 그러나 정작 나는 나 자신의 머리털 개수가 몇 개인지 모릅니다. 나를 만드신 하나님은 나의 머리털 개수가 몇 개인지 아십니다. 즉 하나님은 나보다 나를 더 잘 아시는 분입니다.

놀라운 지혜로 나를 만드시고 세상을 만드신 하나님이, 나를 가장 잘 아시는 하나님이, 모든 능력으로 이 세상을 주관하시는 하나님이 학업의 과정 가운데 우리 자녀에게 하나님의 능력과 지혜를 주실 것입니다. 그래서 우리 자녀는 하나님의 능력과 지혜를 의지하면서 공부를 할 때 놀라운 성과를 얻게 될 것입니다.

어쩌다 학부모

요셉은 하나님의 능력과 지혜를 받아 바로 왕의 꿈 해몽을 했고, 그 결과 고대 서아시아 지방 사람들에게 먹을 것을 잘 분배해서 육체의 생명을 살리는 하나님의 꿈을 이루기 위한 수단으로서 애굽의 총리가 되었습니다. 다니엘은 하나님의 능력과 지혜를 받아 이방 땅 가운데서 고위공직자, 총리의 역할을 감당하며 살아 계신 하나님의 이름을 드높이고 미래의 일을 예언하는 예언자로서의 사역도 감당했습니다.

저는 자녀를 위해 이렇게 많이 기도합니다.

"능력과 지혜의 원천이신 하나님! 요셉에게 주셨던 하나님의 능력과 지혜, 다니엘에게 주셨던 하나님의 능력과 지혜를 우리 자녀에게도 허락해 주시옵소서!"

저는 하나님을 만나고 하나님의 꿈을 가지고 공부할 때 항상 기도하는 습관이 있었습니다. 공부하기 전에 이렇게 기도했습니다.

"하나님! 이제 공부하려고 합니다. 저는 전지전능하신 하나님을 믿습니다! 하나님의 능력과 지혜를 의지하면서 공부하기를 원합니다. 이 공부의 시간 가운데 함께해 주세요."

매일매일 똑같은 공부를 일상으로 한다는 것은 사실 지겨운 일입니다. 그래서 지치기도 하고, 우울하기도 하고, 낙담하기도 하고, 한숨이 나오기도 합니다. 이러한 학업의 과정 가운데 하나님의 능력과 지혜를 의지하면 분명히 하나님이 새 힘을 불어넣어 주십니다.

"오직 여호와를 앙망하는 자는 새 힘을 얻으리니 독수리가 날개 치며 올라감 같을 것이요 달음박질하여도 곤비하지 아니하겠고 걸어가도 피곤하지 아니하리로다"(사 40:31).

그래서 부모는 자녀에게 좋은 습관을 길러 주어야 합니다. 자녀는 공부를 시작할 때 하나님의 능력과 지혜를 달라고 기도해야 합니다. 더 나아가 공부를 마치고 나자마자 바로 오늘 공부한 내용이 머릿속에 잘 정리되고 기억될 수 있게 해 달라고 기도해야 합니다.

부지런함

성령님은 우리의 의지에 열정의 불을 점화시키시는 분입니다. 우리 자녀가 하나님의 꿈으로 나아가기 위해 학업을 할 때 성령님이 자녀의 의지에 열정의 불을 점화시켜 주실 줄 믿습니다. 그러면 우리 자녀에게 나타나는 습관은 바로 부지런함입니다. 부지런하게 학업에 임하게 됩니다.

성공하는 사람들의 공통된 습관은 바로 부지런함입니다. 부지런해야 규칙적으로 살아갈 수 있고 시간을 효율적으로 사용할 수 있습니다. 부지런해야 자신이 목표한 것을 이룰 수 있습니다. 부지런해야 더 많은 일을 할 수 있습니다. 그래서 부지런함은 하나님의 꿈으로 나아가기 위한 준비 과정으로서 공부를 함에 있어서 매우 중요한 삶의 태도이자 요소입니다.

부지런함의 반대는 게으름입니다. 게으른 사람은 목표한 것을 이룰 수도 없거니와 시간을 규모 있게 사용할 수도 없습니다. 따라서 우리 자녀는 게으름에서 나와서 부지런함으로 나아가야 합니다.

그리고 부지런함이 중요한 이유는 영적 부지런함으로 연결되기 때문입니다. 보통 삶에서 부지런한 사람은 영적인 부분에서도 부지런합니다. 삶에서 게으른 사람은 영적인 부분에서도 게으른 경우가 많습니다.

부지런한 습관을 가지기 위해 중요한 것은 좋은 친구라고 생각합니다. 제가 학창 시절에 만난 좋은 친구가 있습니다. 그 친구는 공부를 잘했고 저와 경쟁 관계에 있었습니다. 그런데 저와 친하게 잘 지냈습니다. 같은 빌라에 살았기 때문에 자주 만날 수도 있었습니다. 그래서 저는 친구와 함께 시간을 정해 자주 같이 공부했습니다.

저희 둘은 서로에게 좋은 자극이 되었습니다. 제가 게을러지려고 할 때는 친구가 열심히 공부하고 있기 때문에 저 역시 열심히 할 수밖에 없었습니다. 반대로 친구가 게을러지려고 할 때는 제가 열심히 공부하고 있기 때문에 친구도 열심히 할 수밖에 없었습니다. 함께 열심히 공부한 친구는 저와 같은 대학교에 진학하게 되었습니다.

제가 미국에서 유학생 사역을 할 때도 마찬가지였습니다. 저희 공동체 모임에 나오는 유학생들이 게을러지지 않고 부지런하게 공부할 수 있도록 학교 도서관에 자리를 맡아서 함께 공부했습니다. 서로 아는 사람들이 함께 있으니까 열심히 공부하게 되고, 게을러지거나 딴짓을 할 수 없게 되었습니다. 그래서 저희 공동체 모임에 나오는 유학생들이 참 열심히 공부했던 기억이 납니다.

자녀가 부지런한 학생이 되게 하려면 다른 방법이 없습니다. 먼저 부모가 부지런한 모습을 자녀에게 보여 주면 됩니다. 부모가 게으른데 자녀가 부지런할 수는 없습니다. 부모가 부지런한 모습을 보이면 자녀가 그 모습을 보고 닮아 가게 되어 있습니다.

보통 밖에서 일하고 집에 온 부모는 피곤하기 때문에 텔레비전을 보거나 스마트폰으로 유튜브를 보곤 합니다. 물론 편하게 쉬는 것도 중요합니다. 하지만 집에 열심히 공부하는 자녀가 있다면 부모도 함께 부지런히 책을 보거나 온라인 영상에서 필요한 공부 강좌를 찾아 시청하거나 어학 공부를 하는 등 생산적인 시간으로 채워 가는 것이 좋습니다. 그럴 때 부모 자신의 발전에도 도움이 되지만 자녀가 부모의 부지런한 모습을 보고 따라하게 됩니다.

성실함

성실의 중요한 내용은 정성을 다하고 진실하게 최선을 다하는 것입니다. 하나님은 성실하게 우리의 삶을 인도하시는 분입니다. 하나님은 정성을 다하고 진실하게 최선을 다해서 우리의 삶을 주관하시고 지키시고 인도하십니다.

기독교 신앙은 하나님을 닮는 것입니다. 성경을 보면, 하나님은 본인이 어떤 분인지를 우리에게 말씀하시고 따라오라고 하십니다. 레위기 11장 45절에서 하나님은 "나는 너희의 하나님이 되려고 너희를 애굽 땅에서 인도하여 낸 여호와라 내가 거룩하니 너희도 거룩할지어다"라고 말씀하십니다. 하나님이 거룩하신 분이니까 하나님의 백성은 하나님을 닮아 거룩해야 한다는 것입니다.

마태복음 5장 48절에서 예수님은 "그러므로 하늘에 계신 너희 아버지의 온전하심과 같이 너희도 온전하라"라고 말씀하십니다. "온전하라"라는 말은 "완벽하라"라는 말과 같습니다. 하나님이 완벽하신 분이니까 우리도 하나님을 닮아서 완벽하기 위해 노력하라는 뜻입니다. 또한 누가복음 6장 36절에서 예수님은 "너희 아버지의 자비로우심같이 너희도 자비로운 자가 되라"라고 말씀하십니다. 하나님이 자비하신 분이니까 우리도 하나님을 닮아 자비로운 사람이 되어야 한다는 뜻입니다.

예수님은 제자들과 마지막 만찬을 하시고 설교를 하시는 가운데 새 계명을 말씀하십니다. "새 계명을 너희에게 주노니 서로 사랑하라 내가 너희를 사랑한 것같이 너희도 서로 사랑하라"(요 13:34)라는 말씀은 예수님께 사랑을 받았으면 우리도 서로 사랑해야 한다는 뜻입니다. 그리고 그 자리에서 예수님은 제자들의 발을 씻어 주는 세족식을 하십니다. 예수님이 제자들의 발을 씻어 주신 이유가 요한복음 13장 14-15절에 나옵니다.

"내가 주와 또는 선생이 되어 너희 발을 씻었으니 너희도 서

로 발을 씻어 주는 것이 옳으니라 내가 너희에게 행한 것같이
너희도 행하게 하려 하여 본을 보였노라"(요 13:14-15).

예수님이 내 발을 씻어 주신 경험을 했다면 우리도 예수님과
똑같이 다른 사람의 발을 씻어 주어야 한다는 것입니다.
하나님은 하나님을 믿는 백성들이 하나님을 따르고 하나님
을 닮기 원하십니다. 하나님은 우리가 예수님에게까지 자라 가
기를 원하십니다.

"오직 사랑 안에서 참된 것을 하여 범사에 그에게까지 자랄
지라 그는 머리니 곧 그리스도라"(엡 4:15).

그래서 우리는 부족하지만 하나님을 닮기 위해 부단히 노력
해야 합니다. 이것이 신앙생활인 것입니다. 마찬가지로 하나님
이 성실로 우리의 삶을 인도하시는 분이니까 우리도 성실하게
하나님이 우리에게 맡겨 주신 일을 해야 합니다. 부모는 성실하
게 자녀를 키워야 하고, 자녀는 성실하게 자신에게 맡겨진 학업
을 감당해야 합니다.
자녀가 성실하게 공부를 해 나간다면 때로는 적절한 보상도
필요합니다. 부모가 보았을 때 어느 기간 동안 정말 성실하게
공부를 했다고 인정할 수 있으면 자녀가 원하는, 그러나 부담스
럽지 않은 선물을 주는 것이 좋습니다. 이것이 긍정적인 자극제
가 되어 자녀가 더욱 성실하게 공부하도록 도울 수 있습니다.

어쩌다 학부모

제가 학창 시절 하루에 공부를 제일 오래 했던 때는 중학교 3학년 시절이었던 것으로 기억됩니다. 그때는 누가 공부하라고 잔소리한 것도 아닌데, 제 삶에 대한 욕심이 많아서 열심히 공부했던 것 같습니다. 그 시절 저는 공부에 대한 흥미를 가지게 되었습니다. 왜냐하면 열심히 공부한 만큼 결과가 나왔기 때문입니다.

그 시절에 중요했던 것은 '작은 승리' 경험이었습니다. 작은 승리 경험이 계속 열심히 공부하게 하는 원동력이 되었습니다. 즉 학교 수업 중에 치러지는 작은 쪽지 시험 같은 형성평가에서 좋은 성적을 받자 신이 나서 공부 시간을 점점 늘리고 열심히 하게 된 것입니다.

그래서 수업 시간에 보는 별로 대수롭지 않아 보이는 형성평가도 중요하게 생각해야 합니다. 이때 좋은 결과를 얻는 경험을 하면 자신감을 가지고 더 열심히 공부하게 되고 중간고사, 기말고사, 대학 수학능력시험과 같은 중요한 시험에서도 좋은 결과를 얻을 수 있습니다.

그리고 중학교 3학년 때 정말 열심히 공부하니까 '공부에 끝이 있겠구나'라는 생각이 들었습니다. 사실 대학 이상에서 학문 자체를 연구하는 공부에는 끝이 없지만, 중·고등학교 때 하는 입시 중심의 공부에는 끝이 있습니다. 그래서 끝까지 최선을 다해 열심히 공부할 수 있어야 합니다.

이런 이유로 부모는 자녀가 학교에서 쪽지 시험을 잘 보는 등 작은 승리 결과를 가지고 왔을 때 적극적으로 격려하고 인정하고 칭찬해야 합니다.

정직한 결과 기대하기

성경에 나오는 정직의 중요한 내용은 바로 거짓이 없는 것입니다. 그래서 정직한 삶을 산다는 것은 하나님 앞에서 거짓이 없는 삶을 살아가는 것을 뜻합니다. 우리 자녀가 하나님 앞에서 거짓된 생각, 거짓된 말, 거짓된 행동을 버리고 살아갈 수 있도록 가르쳐야 합니다.

그리고 정직은 학업에 있어서는 최선을 다해 공부하고 열심히 땀 흘려 학업에 매진한 결과를 기대하는 것과 연결됩니다. 투입에 따른 결과를 기대하는 것입니다. 적게 투입했는데 많은 결과를 기대하는 것은 욕심입니다. 적게 투입했는데 좋은 결과를 기대하는 것은 정직에 위배되는 것입니다.

요행을 바라지 않고 거짓 없이 열심히 공부하고, 공부하고 노력한 만큼의 정직한 결과를 기대하는 것이 하나님이 기뻐하시는 삶입니다. 땀 흘린 만큼, 열심히 노력한 만큼의 성적을 기대하는 것이 정직한 삶입니다. 공부도 열심히 안 했는데 좋은 성적을 기대하는 것, 헷갈리는 문제를 풀다가 찍었는데 다 맞기를 원하는 것, 대박을 기대하는 것 등은 하나님이 강조하시는 정직에 위배됩니다.

그렇기 때문에 우리 부모부터 땀 흘린 만큼의 결과를 얻는 것이 복이라는 사실을 깨닫고 우리 자녀가 정직한 노력을 통해 정직한 결과를 추구하는 삶으로 나아갈 수 있도록 지도해야 합

어쩌다 학부모

니다. 일상의 언어 속에서도 "한 방에 뭔가 이룬다"라든지 "한 번에 대박 나게 한다"는 등 정직에 위배되는 언어를 사용하지 말고 정직한 결과를 기대하는 말을 써야 합니다.

하나님께 기도드릴 때에도 정직에 위배되는 기도는 지양해야 합니다. 찍어도 맞게 해 달라는 기도, 공부한 것보다 훨씬 좋은 결과를 내게 해 달라는 기도, 이번 시험에서 대박 나게 해 달라는 기도, 그냥 공부 잘하게 해 달라는 기도 등은 하나님의 정직에 위배되는 기도일 것입니다.

우리 자녀가 최선을 다해 공부할 수 있도록 기도해야 하고 실수하지 않고 공부한 만큼의 결과를 얻을 수 있기를 기도해야 합니다. 우리 자녀가 공부한 만큼의 정직한 결과를 기대하는 정직한 신앙인이 될 수 있도록 기도해야 합니다. 그리고 무엇보다도 부모가 자신의 삶에서도 정직하게 노력하고 정직한 결과를 기대하는 사람이 되어야 합니다.

성찰과 결심

1. 자녀가 하나님과의 인격적 만남을 경험하고 하나님과 교제하는 신앙인입니까?

2. 자녀가 하나님을 사랑하고 존경하는 경외의 신앙인입니까?

3. 자녀가 하나님의 사명을 붙들고 그분의 꿈을 꾸는 신앙인입니까?

4. 자녀가 오직 하나님께만 영광 돌리는 참된 신앙인입니까?

5. 자녀가 하나님이 주시는 평안 가운데, 하나님의 능력과 지혜를 의지하고, 부지런하며, 성실하게 열심히 공부하고, 정직한 결과를 기대하는 신앙인입니까?

신앙학업통합유형의
성경 인물들

신앙학업통합유형을 실천한 좋은 모델은 성경 인물들에게서 찾아볼 수 있습니다. 하나님이 역사 가운데서 귀하게 사용하신 성경의 인물들 역시 신앙학업통합유형으로 살았음을 확인할 수 있습니다. 우리 자녀가 신앙학업통합유형으로 나아간 성경의 인물들을 통해 배우고 그들을 닮게 하기 위한 구체적인 교육적 실천 사항을 제시하면 다음과 같습니다.

첫째, 이 장에서 언급하는 요셉(창 37, 39-50장), 모세(출 2-20장), 기드온(삿 6-8장), 룻(룻 1-4장), 다니엘(단 1-12장), 바울(행 9, 13-28장)이 나오는 성경 본문을 자녀와 함께 읽습니다.

둘째, 성경 인물들이 이 땅에서 어떤 삶을 살았는지 자녀에게 소개합니다.

셋째, 이 장의 내용을 참고해 성경 인물들이 신앙학업통합유형으로 나아가는 과정을 자녀에게 설명합니다.

넷째, 성경 인물들이 어떤 구체적인 하나님의 사명을 수행했는지를 자녀에게 알려 주면서 도전을 줍니다.

다섯째, 신앙학업통합유형으로 나아간 성경 인물들을 살펴보면서 느끼고 깨닫고 결심한 점이 무엇인지를 자녀가 이야기하게 합니다.

이제 성경 인물들을 차례로 살펴보겠습니다.

요셉

요셉은 형들의 미움을 받아 아버지 야곱의 사랑받는 아들에서 졸지에 애굽의 종으로 팔려 가게 됩니다. 그럼에도 불구하고 요셉은 하나님과의 인격적인 만남을 통해 하나님이 언제나 자신과 함께하심을 믿습니다. 그리고 요셉은 하나님과 동행하는 삶을 살아갑니다.

> "여호와께서 요셉과 함께하시므로 그가 형통한 자가 되어 그의 주인 애굽 사람의 집에 있으니 그의 주인이 여호와께서 그와 함께하심을 보며 또 여호와께서 그의 범사에 형통하게 하심을 보았더라"(창 39:2-3).

요셉은 하나님을 경외하며 살아갑니다. 바로의 신하 친위대장 애굽 사람 보디발의 종으로 살았는데, 어느 날 보디발의 아내가 유혹을 합니다. 하지만 요셉은 하나님을 경외하는 자이기에 그 유혹을 뿌리칩니다.

"이 집에는 나보다 큰 이가 없으며 주인이 아무것도 내게 금하지 아니하였어도 금한 것은 당신뿐이니 당신은 그의 아내임이라 그런즉 내가 어찌 이 큰 악을 행하여 하나님께 죄를 지으리이까"(창 39:9).

요셉은 하나님 앞에 범죄하지 않았지만 누명을 쓰고 결국 감옥에 가게 됩니다. 하지만 요셉은 감옥에서도 실망하거나 좌절하지 않고 하나님이 주시는 참 평안을 경험합니다.

"여호와께서 요셉과 함께하시고 그에게 인자를 더하사 간수장에게 은혜를 받게 하시매"(창 39:21).

그리고 요셉은 간수장이 맡긴 옥중 업무를 부지런하고 성실하게 감당합니다.

"간수장이 옥중 죄수를 다 요셉의 손에 맡기므로 그 제반 사무를 요셉이 처리하고"(창 39:22).

이 과정을 통해 요셉은 통치자에게 필요한 인사 행정, 사무 행정, 리더십 등의 전문성을 갖추게 됩니다. 그리고 요셉은 하나님의 능력과 지혜를 가지고 애굽 왕의 술 맡은 자와 떡 굽는 자의 꿈을 해석합니다. 그 일을 계기로 나중에 바로 왕의 꿈을 해석하게 되고, 애굽의 총리가 됩니다.

요셉은 애굽의 총리가 되어 7년 풍년이 왔을 때 곡식을 창고에 잘 저장해 놓고, 그다음 7년 흉년이 왔을 때 창고를 열어 곡식을 잘 분배해서 고대 서아시아 지방 사람들이 굶어 죽지 않도록 생명을 살리는 하나님의 꿈을 이루게 됩니다.

> "당신들은 나를 해하려 하였으나 하나님은 그것을 선으로 바꾸사 오늘과 같이 많은 백성의 생명을 구원하게 하시려 하셨나니"(창 50:20).

이뿐만이 아니라 요셉은 자신을 애굽에 팔아넘긴 형들을 진정으로 용서하면서 이웃을 사랑하는 하나님의 꿈을 실천합니다.

> "당신들은 두려워하지 마소서 내가 당신들과 당신들의 자녀를 기르리이다 하고 그들을 간곡한 말로 위로하였더라"(창 50:21).

모세

모세는 애굽의 왕자로 살다가 애굽 사람이 자신의 동족 히브리 사람을 치는 것을 보고 화를 이기지 못해 애굽 사람을 쳐 죽입니다. 그리고 도망자의 신분으로 미디안 땅으로 갑니다. 거기서 모세는 40년 동안 양을 치는 목자로 평범하게 살아갑니다. 그러다가 하나님의 때가 되어 떨기나무 가운데서 그를 부르신 하나님을 인격적으로 만납니다.

"여호와의 사자가 떨기나무 가운데로부터 나오는 불꽃 안에서 그에게 나타나시니라 그가 보니 떨기나무에 불이 붙었으나 그 떨기나무가 사라지지 아니하는지라"(출 3:2).

그리고 모세는 하나님을 진실로 경외하는 신앙인이 됩니다.

"또 이르시되 나는 네 조상의 하나님이니 아브라함의 하나님, 이삭의 하나님, 야곱의 하나님이니라 모세가 하나님 뵈옵기를 두려워하여 얼굴을 가리매"(출 3:6).

모세는 우상 문화가 만연한 애굽에서 노예로 죽어 가고 있는 이스라엘 백성을 이끌고 나와 그들의 생명을 살리고, 그들이 오직 하나님만 사랑하고 섬기며 하나님께만 영광 돌리게 하는 것이 하나님의 꿈이며 자신의 사명임을 깨닫습니다.

"이제 가라 이스라엘 자손의 부르짖음이 내게 달하고 애굽 사람이 그들을 괴롭히는 학대도 내가 보았으니 이제 내가 너를 바로에게 보내어 너에게 내 백성 이스라엘 자손을 애굽에서 인도하여 내게 하리라"(출 3:9-10).

"하나님이 이르시되 내가 반드시 너와 함께 있으리라 네가 그 백성을 애굽에서 인도하여 낸 후에 너희가 이 산에서 하나님을 섬기리니 이것이 내가 너를 보낸 증거니라"(출 3:12).

모세는 하나님의 능력이 임하는 상징물인 지팡이를 들고 하나님이 붙여 주신 말 잘하는 형 아론과 같이 애굽 왕 바로에게 담대하게 가서 맡겨진 역할을 충실히 감당하며 하나님의 꿈을 이루어 갑니다.

"여호와께서 모세를 향하여 노하여 이르시되 레위 사람 네 형 아론이 있지 아니하냐 그가 말 잘하는 것을 내가 아노라 그가 너를 만나러 나오나니 그가 너를 볼 때에 그의 마음에 기쁨이 있을 것이라 너는 그에게 말하고 그의 입에 할 말을 주라 내가 네 입과 그의 입에 함께 있어서 너희들이 행할 일을 가르치리라 그가 너를 대신하여 백성에게 말할 것이니 그는 네 입을 대신할 것이요 너는 그에게 하나님같이 되리라 너는 이 지팡이를 손에 잡고 이것으로 이적을 행할지니라"(출 4:14-17).

모세는 이스라엘 백성을 애굽 땅에서 이끌어 내며 하나님의 꿈을 이루고, 광야에서 부지런하며 정직하게 리더의 역할을 감당합니다.

"내 종 모세와는 그렇지 아니하니 그는 내 온 집에 충성함이라"(민 12:7).

✤ 기드온

사사 시대에 이스라엘은 하나님 앞에 범죄했고, 그 벌로 미디안이 이스라엘을 7년 동안 괴롭힙니다. 이스라엘 백성은 미디안의 손에서 구원해 달라고 하나님께 부르짖습니다. 그리고 하나님은 이스라엘을 구원할 일꾼으로 기드온을 택하십니다. 하나님이 기드온을 찾아오셔서 기드온은 하나님과 만나게 됩니다.

"여호와의 사자가 기드온에게 나타나 이르되 큰 용사여 여호와께서 너와 함께 계시도다 하매"(삿 6:12).

그리고 기드온의 신앙 가운데는 하나님을 경외하는 모습이 있습니다.

"기드온이 그가 여호와의 사자인 줄을 알고 이르되 슬프도소

이다 주 여호와여 내가 여호와의 사자를 대면하여 보았나이
다 하니 여호와께서 그에게 이르시되 너는 안심하라 두려워
하지 말라 죽지 아니하리라 하시니라"(삿 6:22-23).

기드온은 이스라엘 백성을 미디안의 손에서 구원하여 그들
의 생명을 살리는 것이 하나님이 원하시는 하나님의 꿈이고 자
신이 해야 하는 사명임을 깨닫습니다.

"여호와께서 그를 향하여 이르시되 너는 가서 이 너의 힘으
로 이스라엘을 미디안의 손에서 구원하라 내가 너를 보낸 것
이 아니냐 하시니라"(삿 6:14).

그리고 기드온은 미디안의 손에서 이스라엘 백성을 구원하
게 하신 분은 오직 하나님이시고 하나님께만 영광 돌려야 함을
하나님의 음성을 통해 깨닫게 됩니다.

"여호와께서 기드온에게 이르시되 너를 따르는 백성이 너무
많은즉 내가 그들의 손에 미디안 사람을 넘겨주지 아니하리
니 이는 이스라엘이 나를 거슬러 스스로 자랑하기를 내 손이
나를 구원하였다 할까 함이니라"(삿 7:2).

기드온은 하나님의 지혜를 통해 미디안과의 전쟁에 나갈 용
사 300명을 뽑습니다.

어쩌다 학부모

"여호와께서 기드온에게 이르시되 내가 이 물을 핥아먹은 삼백 명으로 너희를 구원하며 미디안을 네 손에 넘겨주리니 남은 백성은 각각 자기의 처소로 돌아갈 것이니라 하시니"(삿 7:7).

그리고 하나님의 지혜를 사용하여 미디안 군대가 아군끼리 싸우게 만듭니다.

"세 대가 나팔을 불며 항아리를 부수고 왼손에 횃불을 들고 오른손에 나팔을 들어 불며 외쳐 이르되 여호와와 기드온의 칼이다 하고 각기 제자리에 서서 그 진영을 에워싸매 그 온 진영의 군사들이 뛰고 부르짖으며 도망하였는데 삼백 명이 나팔을 불 때에 여호와께서 그 온 진영에서 친구끼리 칼로 치게 하시므로…"(삿 7:20-22).

기드온은 하나님의 능력을 의지하며 성실하게 열심히 싸워서 미디안을 완전히 이깁니다.

"미디안이 이스라엘 자손 앞에 복종하여 다시는 그 머리를 들지 못하였으므로 기드온이 사는 사십 년 동안 그 땅이 평온하였더라"(삿 8:28).

❈ 룻

모압 여인인 룻은 남편이 죽었으나 친정으로 돌아가지 않고 시어머니를 따라 유대 베들레헴으로 오게 됩니다. 그녀는 이방 여인이지만 하나님과의 인격적인 만남 속에 하나님이 자신의 하나님이심을 믿게 됩니다.

"룻이 이르되 내게 어머니를 떠나며 어머니를 따르지 말고 돌아가라 강권하지 마옵소서 어머니께서 가시는 곳에 나도 가고 어머니께서 머무시는 곳에서 나도 머물겠나이다 어머니의 백성이 나의 백성이 되고 어머니의 하나님이 나의 하나님이 되시리니"(룻 1:16).

그리고 룻은 시어머니를 통해 하나님을 경외하는 신앙의 모습을 보여 줍니다.

"어머니께서 죽으시는 곳에서 나도 죽어 거기 묻힐 것이라 만일 내가 죽는 일 외에 어머니를 떠나면 여호와께서 내게 벌을 내리시고 더 내리시기를 원하나이다 하는지라"(룻 1:17).

베들레헴으로 돌아온 시어머니 나오미와 며느리 룻은 극빈자의 삶을 살아갑니다. 룻은 자신의 생명도 살리고 시어머니의 생명도 살리려면 음식을 먹어야 하는데, 음식을 구하려면 다른 사람의 밭에 가서 추수하다가 떨어진 이삭을 줍는 일을 해야 한다는 것을 깨닫고 실행합니다.

룻은 구약의 율법을 알고 그 안에서 답을 찾는 지혜가 있었습니다. 구약의 율법에는 가난한 사람들이 가져갈 수 있도록 밭에서 추수를 할 때 떨어진 이삭을 줍지 말고, 포도원의 열매를 다 따지 말고 떨어진 열매도 줍지 말라고 기록되어 있습니다.

"너희가 너희의 땅에서 곡식을 거둘 때에 너는 밭 모퉁이까지 다 거두지 말고 네 떨어진 이삭도 줍지 말며 네 포도원의 열매를 다 따지 말며 네 포도원에 떨어진 열매도 줍지 말고 가난한 사람과 거류민을 위하여 버려두라 나는 너희의 하나님 여호와이니라"(레 19:9-10).

어찌 보면 창피한 일일 수도 있고, 한숨 나오는 일일 수도 있지만 룻은 열정을 다해 부지런하며 성실하게 이삭 줍는 일을 합니다.

"그의 말이 나로 베는 자를 따라 단 사이에서 이삭을 줍게 하소서 하였고 아침부터 와서는 잠시 집에서 쉰 외에 지금까지 계속하는 중이니이다"(룻 2:7).

그렇게 작은 일에도 최선을 다하는 룻의 모습에 감동하고 주목한 사람이 있었으니, 그 사람은 바로 룻이 이삭을 주웠던 밭의 주인 보아스입니다. 나중에 룻은 보아스와 결혼해서 경제적인 어려움에서 완전히 해방되고, 이스라엘 사람들이 가장 존경하는 왕인 다윗의 증조모가 됩니다.

"살몬은 보아스를 낳았고 보아스는 오벳을 낳았고 오벳은 이새를 낳고 이새는 다윗을 낳았더라"(룻 4:21-22).

그리고 다윗의 후손으로 우리의 구주 예수님이 태어나십니다. 마태복음 1장에 나오는 예수님의 족보에 이방 여인 룻이 등장합니다.

다니엘

다니엘은 어린 시절부터 하나님과 교제하며 하나님 중심의 삶을 살았습니다. 다니엘의 이름 뜻은 '하나님은 나의 심판자'인데, 그 이름대로 하나님을 매 순간 인식하며 살았습니다. 그리고 다니엘은 하나님을 온전히 경외하는 사람이기에 바벨론에 포로로 끌려가서도 왕이 주는 음식은 우상에게 바쳐진 음식이고 레위기 11장에서 하나님이 먹지 말라고 말씀하신 음식이기에 그것을 거부하면서 하나님을 온전히 섬깁니다.

"다니엘은 뜻을 정하여 왕의 음식과 그가 마시는 포도주로

자기를 더럽히지 아니하리라 하고 자기를 더럽히지 아니하
도록 환관장에게 구하니"(단 1:8).

다니엘은 어떤 상황에서도 하나님의 말씀을 지키고 하나님
께 기도하고 예배드리면서 하나님을 사랑하는 것이 자신의 사
명이고 인생의 목적임을 깨닫습니다. 그래서 사자 굴에 들어갈
수밖에 없는 절체절명 위기의 순간에도 하나님을 사랑하는 것
을 선택합니다.

"다니엘이 이 조서에 왕의 도장이 찍힌 것을 알고도 자기 집
에 돌아가서는 윗방에 올라가 예루살렘으로 향한 창문을 열
고 전에 하던 대로 하루 세 번씩 무릎을 꿇고 기도하며 그의
하나님께 감사하였더라"(단 6:10).

그리고 다니엘은 어릴 때부터 하나님이 기뻐하시는 사명자
의 삶을 살아가기 위해 공부를 하고 실력을 갖추었습니다.

"곧 흠이 없고 용모가 아름다우며 모든 지혜를 통찰하며 지
식에 통달하며 학문에 익숙하여 왕궁에 설 만한 소년을 데려
오게 하였고 그들에게 갈대아 사람의 학문과 언어를 가르치
게 하였고"(단 1:4).

또한 하나님이 주신 꿈 해몽의 지혜와 능력이 있었습니다.

"하나님이 이 네 소년에게 학문을 주시고 모든 서적을 깨닫
게 하시고 지혜를 주셨으니 다니엘은 또 모든 환상과 꿈을 깨
달아 알더라"(단 1:17).

다니엘은 하나님의 지혜와 능력을 의지하면서 앞으로 세상
의 역사가 어떻게 진행될 것인지를 예언하고, 모든 열왕과 백성
들이 하나님께로 돌아와서 하나님을 섬기면서 그들의 영혼이
살아나야 함을 선포하면서 생명을 살리는 하나님의 꿈을 실현
합니다.

"나라와 권세와 온 천하 나라들의 위세가 지극히 높으신 이
의 거룩한 백성에게 붙인 바 되리니 그의 나라는 영원한 나
라이라 모든 권세 있는 자들이 다 그를 섬기며 복종하리
라"(단 7:27).

다니엘은 하나님의 꿈을 위해 자신에게 맡겨진 일을 부지런
하며 성실하게 최선을 다해 감당했기에 총리의 자리까지 올라
가게 되었고, 흠을 찾을 수 없을 정도로 완벽했습니다.

"이에 총리들과 고관들이 국사에 대하여 다니엘을 고발할 근
거를 찾고자 하였으나 아무 근거, 아무 허물도 찾지 못하였으
니 이는 그가 충성되어 아무 그릇됨도 없고 아무 허물도 없음
이었더라"(단 6:4).

어쩌다 학부모

✤ 바울

예수님을 믿는 사람들을 핍박했던 바울은 다메섹 도상에서 예수님을 인격적으로 만납니다.

"사울이 길을 가다가 다메섹에 가까이 이르더니 홀연히 하늘로부터 빛이 그를 둘러 비추는지라 땅에 엎드러져 들으매 소리가 있어 이르시되 사울아 사울아 네가 어찌하여 나를 박해하느냐 하시거늘 대답하되 주여 누구시니이까 이르시되 나는 네가 박해하는 예수라"(행 9:3-5).

예수님을 만난 이후에 바울의 삶은 완전히 바뀌어 예수님 중심의 삶, 하나님 경외의 삶으로 나아갑니다.

"내가 그리스도와 함께 십자가에 못 박혔나니 그런즉 이제는 내가 사는 것이 아니요 오직 내 안에 그리스도께서 사시는 것이라 이제 내가 육체 가운데 사는 것은 나를 사랑하사 나를 위하여 자기 자신을 버리신 하나님의 아들을 믿는 믿음 안에서 사는 것이라"(갈 2:20).

바울은 예수님을 모르고 죽어 가는 자들에게 하나님의 은혜의 복음을 증언함으로 말미암아 영혼의 생명을 살리는 것이 자신의 사명이자 하나님의 꿈임을 깨닫습니다.

"내가 달려갈 길과 주 예수께 받은 사명 곧 하나님의 은혜의 복음을 증언하는 일을 마치려 함에는 나의 생명조차 조금도 귀한 것으로 여기지 아니하노라"(행 20:24).

그리고 바울은 하나님이 자신에게 맡기신 사명을 수행하면서 오직 하나님께만 영광 돌리는 삶을 살아갑니다.

"그런즉 너희가 먹든지 마시든지 무엇을 하든지 다 하나님의 영광을 위하여 하라"(고전 10:31).

바울은 열심히 율법을 공부해서 실력이 있었고, 가진 것이 많았던 사람입니다. 하나님의 꿈을 실천하는 가운데 그는 자신이 가진 것을 다 사용합니다. 바울은 당시에 최고의 율법 선생으로 알려진 가말리엘 아래서 공부했기 때문에 율법에 정통했습니다. 그래서 유대인들의 문화와 상황과 관심사에 맞게 복음을 전할 수 있었습니다.

"나는 유대인으로 길리기아 다소에서 났고 이 성에서 자라 가말리엘의 문하에서 우리 조상들의 율법의 엄한 교훈을 받았고 오늘 너희 모든 사람처럼 하나님께 대하여 열심이 있는 자라"(행 22:3).

그리고 바울은 태어날 때부터 로마 시민권을 가지고 있었기

어쩌다 학부모

에 로마 황제에게 재판받을 수 있는 권한이 있었습니다. 그래서 나중에 로마에 압송되어 가서 황제에게 재판받기 위해 기다리는 동안 로마 사람들에게 복음을 전할 수 있었습니다.

"천부장이 대답하되 나는 돈을 많이 들여 이 시민권을 얻었노라 바울이 이르되 나는 나면서부터라 하니"(행 22:28).

세월이 훨씬 지난 후에 로마가 기독교를 국교로 지정하고, 그 결과 복음이 유럽 전역으로 확장되는 놀라운 역사가 일어나는 계기가 된 것입니다.

바울은 성령님과 언제나 동행하면서 사명을 감당합니다. 성령님의 지혜와 능력을 의지하면서 사명을 수행합니다.

"보라 이제 나는 성령에 매여 예루살렘으로 가는데 거기서 무슨 일을 당할는지 알지 못하노라"(행 20:22).

그리고 바울에게는 하나님이 주시는 참 평안이 있었습니다. 그래서 그는 옥에 갇혀서도 평안을 누립니다.

"아무것도 염려하지 말고 다만 모든 일에 기도와 간구로, 너희 구할 것을 감사함으로 하나님께 아뢰라 그리하면 모든 지각에 뛰어난 하나님의 평강이 그리스도 예수 안에서 너희 마음과 생각을 지키시리라"(빌 4:6-7).

바울은 부지런하며 목숨을 걸 정도로 성실하게 생명을 살리는 하나님의 꿈을 실천합니다.

"바울이 대답하되 여러분이 어찌하여 울어 내 마음을 상하게 하느냐 나는 주 예수의 이름을 위하여 결박당할 뿐 아니라 예루살렘에서 죽을 것도 각오하였노라 하니" (행 21:13).

"또 수고하며 애쓰고 여러 번 자지 못하고 주리며 목마르고 여러 번 굶고 춥고 헐벗었노라" (고후 11:27).

✤ 성찰과 결심

1. 자녀가 요셉을 닮기 위해서는 삶에서 어떤 변화가 필요합니까?

2. 자녀가 모세를 닮기 위해서는 삶에서 어떤 노력을 해야 합니까?

3. 자녀가 기드온을 닮기 위해서는 삶에서 어떤 실천을 해야 합니까?

4. 자녀가 룻을 닮기 위해서는 삶에서 어떤 구체적인 결심을 해야 합니까?

5. 자녀가 다니엘을 닮기 위해서는 삶에서 어떤 관심을 가져야 합니까?

6. 자녀가 바울을 닮기 위해서는 삶에서 어떤 우선순위를 두고 살아야 합니까?

신앙과 학업,
두 마리 토끼를
잡을 수 있을까?

하나님의 꿈으로 나아가기 위한
자녀의 직업 찾기

부모는 자녀가 하나님의 꿈으로 나아가도록 도와주어야 합니다. 자녀가 꾸어야 하는 꿈은 하나님을 기쁘시게 하는 꿈이어야 합니다. 그 꿈은 하나님 사랑, 이웃 사랑을 실천하는 것이고, 그 구체적인 내용이 이웃의 생명을 살리는 것이라고 말씀드렸습니다. 우리 자녀는 이 꿈을 이루기 위한 수단으로 직업을 가져야 하는데, 직업을 어떻게 찾아야 할지에 대해 부모가 관심을 가지고 자녀에게 정보를 제공하며 도움을 줄 수 있어야 합니다.

물론 부모는 도우미 역할을 하고 선택은 자녀 스스로 하는 것이 중요합니다. 이때 부모가 조심해야 할 부분은 자녀가 미래에 가질 직업을 선택하는 것을 도울 때 부모의 관점에서 사회 속에서 인정받는 직업을 주입할 수 있다는 점입니다. 우선 부모가 합법적인 모든 직업에는 귀천이 없고 다 소중하다는 점을 받

어쩌다 학부모

아들여야 합니다. 또 자녀를 존중하는 자세로 도와야 합니다.

✿ 특기와 취미를 연결 지어라

행복한 어른은 자신이 잘하는 일과 좋아하는 일로 구성된 직업을 가진 사람일 것입니다. 이것이 이상적일 수는 있습니다. 하지만 부모는 우리 자녀가 잘하는 일과 좋아하는 일이 최대한 중복된 지점의 직업을 선택하도록 도울 수 있습니다. 잘하는 일은 특기일 것이고, 좋아하는 일은 취미일 것입니다. 그래서 자녀의 특기와 취미가 연결된 직업이 무엇인지를 찾아야 합니다.

잘하는 일(특기) 찾기

우리 자녀의 특기를 찾는 방법은 바로 재능을 찾는 것입니다. 자녀의 재능을 찾는 데 있어서 가장 도움이 되는 교육학 이론은 하버드대학교 교육학과 교수인 하워드 가드너(Howard Gardner)의 다중지능이론입니다. 다중지능이론에 따르면 우리 머릿속에는 적어도 여덟 가지 지능의 영역이 있습니다. 언어지능, 수리논리지능, 공간지능, 신체운동지능, 음악지능, 인간친화지능, 자연친화지능, 자기성찰지능입니다. 간단히 설명하면 다음과 같습니다.

· **언어지능**: 말하고 듣고 읽고 쓰기와 관련된 지능

- **수리논리지능**: 수학의 원리를 이해하고 논리적으로 분석할 수 있는 지능
- **공간지능**: 공간을 이해하고 공간을 사용하고 공간 안에서 표현할 수 있는 지능으로 미술과 관련됨
- **신체운동지능**: 인간의 몸을 사용할 수 있는 지능으로 체육과 관련됨
- **음악지능**: 음악을 이해하고 창조할 수 있는 지능
- **인간친화지능**: 대인관계를 할 수 있게 하는 지능
- **자연친화지능**: 자연을 인식하고 자연과 상호작용하는 지능
- **자기성찰지능**: 자기 자신을 객관적으로 이해하는 지능

이러한 여덟 가지 지능의 영역을 재능의 영역으로 볼 수 있습니다. 언젠가 〈EBS 다큐프라임〉에서 다중지능을 연구한 결과에 의하면, 여덟 가지 지능 중에 자신이 많이 가지고 있는 상위 세 가지 지능을 선택하고, 그 세 가지 지능을 사용하는 직업을 선택하는 것이 중요하다고 합니다. 자녀를 잘 살펴보면 어디에 재능이 있는지 부모가 가장 잘 알 수 있습니다. 우리 자녀에게 여덟 가지 지능이 다 있는데 그중에 상위 세 가지 지능이 무엇인지 찾는 노력을 해야 합니다.

시간을 정해서 편안하게 미래에 관해 대화를 하다가 우리 자녀에게 지능을 설명하고 자신이 가진 상위 세 가지 지능이 무엇인지를 말하게 할 수 있습니다. 또한 이런 방법도 있습니다. 부모와 자녀가 함께 모여서 먼저 아빠가 자신의 상위 세 가지 지

어쩌다 학부모

능을 찾아서 말하고, 그다음 엄마가 자신의 상위 세 가지 지능을 찾아서 말합니다. 그리고 아빠와 엄마가 말한 상위 세 가지 지능 중에 공통적인 지능을 찾습니다. 그 공통적인 지능을 자녀가 가지고 있을 확률이 매우 크기 때문입니다. 그런 후 자녀 스스로 자신이 생각하는 상위 세 가지 지능을 찾아서 말합니다.

자녀와의 대화를 통해 상위 세 가지 지능을 찾았으면, 그다음에는 상위 세 가지 지능을 사용하는 직업군을 찾아봅니다. 단순히 직업명 하나만 말하면 자칫 생각이 고정될 수 있기에 위험합니다. 그래서 직업군, 직업 분야를 찾아보는 것이 중요합니다. 예를 들어, 의료계, 교육계, 법조계, 예술계, 체육계 등입니다.

좋아하는 일(취미) 찾기

자녀가 좋아하는 일을 찾는 방법은 곧 자녀의 취미를 찾는 것입니다. 취미는 자신이 좋아서 하는 것이기 때문입니다. 취미가 운동일 수도 있고, 요리나 독서일 수도 있습니다. 자녀의 취미를 살펴보면서 앞서 소개한 지능(재능)과 연결해서 직업군을 찾을 수 있습니다. 예를 들어, 자녀의 지능(재능)을 살펴보니 미술계로 나아가는 것이 필요하다고 판단했는데 자녀의 취미가 운동이라면, 미술계 중에 몸을 많이 움직여서 작품을 만들어야 하는 설치미술이나 행위미술 분야가 맞을 수 있습니다.

저는 다중지능이론의 여덟 가지 지능의 영역에서 상위 세 가지 지능이 언어지능, 인간친화지능, 음악지능입니다. 제 직업은 목사인데 세 가지 지능을 다 사용합니다. 설교문을 쓰고 설교를 하니까 언어지능을 사용하고, 계속 성도들과 만나야 하니까 인간친화지능을 사용하고, 찬양 인도를 하는 등 찬양 관련 사역을 많이 하니까 음악지능을 사용합니다. 그런데 제 취미는 독서와 연구입니다. 목사이면서 독서와 연구를 좋아하니까 저는 신학교 교수가 딱 맞는 자리인 것입니다.

내가 품어야 할 이웃을 찾아라

우리 자녀가 꿈꿔야 할 하나님의 꿈은 하나님 사랑, 이웃 사랑을 실천하는 것이고, 그 구체적인 내용은 이웃의 생명을 살리는 것입니다. 그렇다면 우리 자녀가 직업을 선택할 때 어떤 이웃을 구체적으로 품고 그들의 육체적, 정신적, 영적 생명을 살릴 것인지 고민해야 합니다. 학창 시절에 자녀에게 끊임없이 "내가 품고 사랑해야 할 이웃, 생명을 살려야 할 이웃, 선한 영향력을 발휘할 이웃이 누구인가?"를 질문하고, 깊이 있게 생각할 수 있도록 유도해야 합니다.

저는 청소년들에게 진로 코칭을 할 때 자신이 품고 사랑해야 하는 이웃이 누구인지를 찾기 위해서 다음과 같은 질문들을 던져 보고 계속 생각하라고 합니다.

> "나는 어떤 대상을 만나면 부담이 되지 않고 편안한 마음이 느껴지는가?"

"나는 어떤 대상을 만나면 즐거움과 기쁨이 찾아오는가?"

"나는 어떤 대상을 만나서 대화를 나누면 잘되는가?"

"나는 어떤 대상과 함께하면 일이 아니라 쉼으로 느껴지는가?"

"나는 어떤 대상을 만나면 공감력과 긍휼함이 생기고 그들의
문제를 해결하기 위해 돕고 싶은 마음이 드는가?"

이 다섯 가지 질문에 대한 답을 찾으면 그 대상을 향해 일하
는 직업을 택하면 되는 것입니다. 저는 품고 사랑하고 싶은 이
웃이 많아서 다섯 가지 질문에 대해 한 가지 답만 나오지는 않
지만, 가장 먼저는 "청소년"이라는 답이 나옵니다.

사실 제 또래 목회자들을 만나면 보통 긴장되고 제일 부담
되는 대상이 청소년이라고 말합니다. 또 제일 하기 힘든 설교가
청소년을 대상으로 한 설교라고 합니다. 하지만 저는 신기하게
청소년 사역 초창기부터 청소년들을 만나면 부담이 되지 않고
마음이 편했습니다. 그때는 청소년들과 나이 차가 많지 않아서
였을 수도 있지만, 청소년들이 자녀뻘 되는 지금도 당시와 별반
차이가 없습니다.

청소년 대상으로 설교를 하다가 청소년들이 떠들거나 딴짓
을 하면 긴장하거나 당황할 만도 하지만 저는 편안하게 설교를
합니다. 그리고 청소년들에게 "듣기 싫으면 듣지 마라. 듣지 않
으면 내가 손해냐? 듣지 않는 학생이 손해지?"라고 말합니다.

그리고 저는 청소년들을 만나면 즐거움과 기쁨이 찾아옵니
다. 그래서 청소년들에게 설교나 강의를 하러 갈 때나 축사나

시상을 하러 갈 때 기대가 되고 신이 나기도 합니다.

저는 청소년들을 만나면 대화가 잘됩니다(청소년들도 저와 똑같이 생각하는지는 확인해야겠지만). 대화는 주고받는 것인데, 일단 청소년들을 만나면 제 이야기만 하지 않고 청소년들도 자신들의 이야기를 저에게 하는 것을 보니 대화가 잘된다고 판단됩니다.

또한 저는 청소년들에게 설교하고, 강의하고, 수련회를 인도하고, 프로그램을 진행하고, 상담하는 등의 일이 부담스럽지 않고 청소년들을 만나서 노는 쉼으로 느껴집니다. 제가 만약 청소년 사역을 일로 느낀다면 그만두었을 것입니다. 저는 본 사역이 신학교 교수 사역이기에 굳이 제 시간과 돈과 아이디어를 내서 청소년 사역을 할 필요는 없기 때문입니다.

마지막으로 저는 청소년들을 만나면 공감력과 긍휼함이 생깁니다. 그들이 성적이 떨어진 이야기를 하면 실패 상황과 그들이 느끼는 실패감, 좌절감, 절망감 같은 감정을 공감하게 되고 긍휼한 마음이 들어 위로하고 응원하게 됩니다. 그리고 '어떻게 하면 우리 청소년들이 대학 입시 문화 가운데서 받는 스트레스를 해소하도록 도울 수 있을까?', 더 나아가 '우리나라의 대학 입시 문화를 어떻게 바꿀 수 있을까?'를 고민합니다.

저는 다섯 가지의 질문에 대한 답이 모두 "청소년"이기에 청소년 사역을 계속하고 있습니다. 이웃 사랑은 뜬구름 잡는 이야기가 아닙니다. 정말 내가 구체적으로 품고 사랑할 수 있는 대상을 찾아서 그들을 대상으로 하는 직업을 선택해야 합니다.

✿ 좋은 모델을 찾아라

자녀 주변에서 진로 선택에 선한 영향을 줄 수 있는 좋은 모델을 찾는 것이 필요합니다. 학창 시절에는 진로를 선택할 때 여러 모델을 보면서 '이 사람을 닮고 싶다. 이 사람처럼 되고 싶다'는 마음을 강하게 받게 됩니다. 그래서 좋은 모델을 자녀에게 보여 주고 소개하는 것이 좋은 방법이 될 수 있습니다. 좋은 모델의 기준은 세 개입니다.

첫째로, 당연히 신실한 신앙인이어야 합니다. 우리 자녀의 진로는 하나님의 꿈으로 나아가야 하기 때문입니다.

둘째로, 자기 전문성을 가지고 있어야 합니다. 전문성의 분야는 다양할 수 있습니다. 전문성을 가지고 자신의 일에 최선을 다하는 모델이라면 자녀가 진로의 영역을 선택함에 있어서 큰 도움을 받을 수 있습니다.

셋째로, 하나님의 꿈을 실천하는 사람이어야 합니다. 자신의 전문성을 가지고 자기 영역에서 소위 성공해서 유명해지는 것은 개인적인 꿈을 이룬 것입니다. 그러나 우리 자녀는 하나님의 꿈에 도전하고 그 꿈을 이루는 사람이 되기를 원합니다. 하나님의 꿈은 가장 큰 두 계명인 하나님 사랑, 이웃 사랑을 실천하는 것입니다. 하나님 사랑과 이웃 사랑은 연결되어 있고 하나님 사랑, 이웃 사랑을 실천하는 가장 구체적인 방법은 생명을 살리는 것입니다. 그렇기 때문에 자신의 전문성을 가지고 선한 영향력을 발휘하면서 하나님의 꿈을 실천하는 사람이 우리 자녀의 모델이어야 합니다.

이러한 신앙인의 모델은 교회 식구들에게서 찾을 수 있습니다. 가장 가깝게는 교회학교 교사나 청년부 가운데서, 또 구역 식구들 안에서 찾을 수 있습니다. 자녀에게 좋은 영향을 줄 만한 교회 성도들에게 부탁해서 자녀와 만나 함께 이야기를 나누는 시간을 가지면 좋겠습니다. 더 나아가 이러한 내용을 가지고 교회학교 중·고등부에서 진로 멘토링 프로그램을 기획해서 진행하면 더 체계적이고 도움이 될 것입니다.

특히 우리 자녀와 나이 차이가 별로 나지 않는 청년부 선배들이 좋은 신앙의 모델, 학업의 모델이 될 수 있습니다. 중·고등학생들은 자신이 신뢰하는 형, 오빠, 언니, 누나 청년들에게는 마음 문을 활짝 열고 자신의 마음속 이야기를 잘 꺼내 놓습니다. 그리고 그들을 잘 따릅니다. 따라서 청년부 선배들은 중·고등부 학생들에게 선한 영향력을 발휘하고 좋은 모델을 보여 줄 수 있어야 합니다.

저는 고등학교 3학년 때 좋은 모델을 만났습니다. 당시 청년부 회장 형이었는데, 서울대학교를 졸업하고 서울대학교 대학원에 다니고 있었습니다. 공부를 잘하는 형이었는데 신앙도 정말 좋았습니다. 기타 치면서 찬양 인도도 잘했고 청년부 회장으로서 리더십도 있었습니다. 형은 저에게 밥도 잘 사 주었고 제 고민도 잘 들어 주었습니다. 저는 형의 열정적인 신앙의 모습을 닮기 위해 노력했고, 형처럼 공부를 잘하기 위해서 최선을 다했습니다.

이 외에도 유튜브 간증 영상에서도 우리 자녀의 모델을 찾을 수 있습니다. 저는 유튜브 간증을 즐겨 보는 편입니다. 유튜브에 '간증'이라는 키워드를 입력해 검색하면 운동선수나 연예인의 간증도 나오고, 회사 대표나 교사의 간증 등 다양한 전문성을 가지고 자기 삶의 영역에서 하나님의 꿈을 이루어 가는 사람들의 신앙 스토리가 많이 나옵니다. 이 중에서 우리 자녀가 관심을 가질 만한 간증을 선택해서 보여 주면 좋은 영향을 줄 수 있을 것입니다.

책을 통해서도 우리 자녀의 모델을 찾을 수 있습니다. 저는 교회나 기관으로부터 청소년 진로 특강을 요청받으면 제가 청소년 시절에 진로 탐색 부분에 있어 잘했던 점을 찾아서 제안하는 경우가 많은데, 대표적인 것 중에 하나가 바로 자서전을 읽는 것입니다.

저는 청소년 시절에 누가 알려 주지도 않았는데 용돈만 받으면 서점에 가서 자서전을 구입했습니다. 자서전 코너에 가서 눈에 확 띄는 제목이 있으면 그 책의 저자를 살폈습니다. 그리고 저자가 신앙인인지, 아닌지를 확인했습니다. 자서전의 목차를 보면 저자의 삶에 영향을 준 내용이 반드시 있게 마련입니다. 그 부분을 훑어보면 저자가 신앙인인지를 금세 확인할 수 있습니다. 제목도 확 끌리고 저자가 신실한 신앙인으로 여겨지면 그 책을 구입했습니다. 왜냐하면 하나님을 믿는 자서전의 저자 대부분은 자기 전문성을 가지고 자신의 영역에서 선한 영향력을 발휘하는 사람들이기 때문입니다.

자서전에는 저자의 삶의 진솔한 이야기가 들어 있습니다. 실패담도 꼭 들어 있습니다. 어떻게 진로를 선택했는지, 어떤 준비과정을 겪었는지, 여러 가지 역경 속에서 어떻게 지금의 자리까지 오게 되었는지, 어떻게 선한 영향력을 발휘하며 살게 되었는지에 관한 내용이 구체적으로 나와 있습니다. 따라서 우리 자녀가 읽으면 큰 도전을 받고 진로 탐색과 선택에 많은 도움을 받을 수 있습니다.

✽ 다양한 교육적 경험을 제공하라

사실 우리가 어떤 직업을 선택할 때에는 우리의 삶 속에서 직·간접적으로 경험한 것을 통해서 결정하게 됩니다. 따라서 부모는 우리 자녀에게 시간을 내어 다양한 교육적 경험을 제공해 주는 노력을 해야 합니다.

부모와 자녀가 같이 할 수 있는 좋은 교육적 경험은 박물관, 미술관, 전시관, 과학관, 콘서트장, 경기장 등에 함께 가는 것입니다. 이런 장소들은 흥미가 있을뿐더러 다양한 사람들의 삶의 이야기가 들어 있습니다. 옛날 사람들의 삶의 이야기, 미술가를 비롯한 예술가나 과학자, 가수, 운동선수의 삶의 이야기 등 다양한 세대에 걸쳐 다양한 일을 하는 여러 사람들의 삶을 직·간접적으로 경험할 수 있습니다. 그 안에서 우리 자녀는 자신이 써 내려갈 삶의 이야기를 발견하게 됩니다.

이 외에도 직접적으로 직업을 알아보기 위해 지역별로 세워져 있는 진로직업체험센터에 방문해 보는 것도 좋습니다. 직업 체험을 통해 그 직업은 구체적으로 어떤 일을 하는지 알 수 있습니다.

우리 자녀들 가운데 안타까운 경우는 열심히 공부해서 대학교 어느 과에 들어간 뒤 적성에 맞지 않아 자퇴하는 경우입니다. 고등학교 때 자신이 원하는 진로와 하나님이 주신 꿈을 향한 준비 과정으로서 대학교와 전공과목을 선택해야 하는데 그 준비가 미흡했기 때문입니다. 공부를 열심히는 하지만 자신이 원하는 진로와 직종을 추상적으로 아는 것과 정확히 알고 공부를 하는 것에는 큰 차이가 있습니다.

한편, 관심 있는 진로와 직업을 발견했고 그 직업을 가지기 위한 준비 과정으로 대학교에 왔는데 공부를 해 보니 자신의 적성에 맞지 않아서 헤매다가 자퇴하는 경우도 있습니다. 그렇기 때문에 자녀에게 직업에 대한 직·간접적인 체험을 제공해야 하며, 그 직업을 가지기 위해 배워야 하는 전공, 따야 하는 자격증, 공부 과정 등을 정확하게 알고 선택할 수 있도록 해야 합니다.

아쉽게도 우리나라는 대학 서열 문화라 자녀를 대학에 보낼 때 전공과목보다는 대학교를 우선으로 선택하는 경향이 있습니다. 예를 들어, 자녀는 경영학과에 진학하기를 원하는데 명문대학교 경영학과에 입학할 성적이 안 된다면 경영학과 진학을 포기하고 명문대학교 다른 과를 선택하는 것입니다. 물론 다른 과에 입학해도 복수전공, 이중전공을 할 수도 있지만 웬만한 의지가 아니고서는 해내기가 힘들 수 있습니다.

그래서 사전에 충분히 알아보고 원하는 직업을 발견한 후 그 직업을 준비하기 위해서 소신 있게 학과 중심으로 대학을 선택하는 용기가 필요합니다.

✹ 순수한 봉사를 정기적으로 하라

청소년 시절에는 보통 대학 입시를 준비하기 위한 봉사 점수를 따기 위해서 봉사를 합니다. 그러나 대학 입학을 위한 봉사보다는 이웃을 사랑해서 돕고자 하는 순수한 봉사가 훨씬 더 가치 있습니다. 봉사를 하면서 하나님의 꿈인 이웃 사랑을 구체적으로 실천해 보는 것입니다. 봉사를 하면서 하나님의 꿈을 위한 삶이 가장 고귀하고 가치 있는 삶임을 경험해 보는 것입니다.

때로는 봉사를 하면서 이 분야가 자신의 직업과 연결될 수도 있습니다. 제 제자 중 한 명은 고등학교 시절에 어느 사회복지 기관에서 자원봉사를 했습니다. 물론 봉사 점수를 따기 위해서 시작했습니다. 그런데 봉사를 하면서 봉사의 기쁨을 알게 되었고, 바쁜 학업 과정 가운데서도 정기적으로 봉사를 했습니다. 결국 제자는 이 일이 자신에게 딱 맞는 일임을 깨닫게 되었고 사회복지학과에 진학하기로 결심했습니다. 현재 사회복지학과를 졸업하고 사회복지기관에서 열심히 일하며 하나님의 꿈을 실천하며 살아가고 있습니다.

❋ 미래의 직업군을 잘 고려하라

우리 자녀가 중·고등학생이라면 지금 당장 사회에 진출해서 어느 직업을 가지고 일하는 것이 아닙니다. 예를 들어, 중학교 1학년 학생이라면 적어도 10년 이후에 사회에 진출해 어느 직업을 가지게 됩니다. 그렇기 때문에 현재 존재하는 직업군, 현재 인기 있는 직업군만을 살펴보는 것이 아니라 우리 자녀가 사회에 진출하는 시점의 직업군을 살펴보는 지혜가 필요합니다.

물론 이것은 쉬운 일이 아닙니다. 왜냐하면 사회가 급변하고 있기 때문입니다. 코로나 팬데믹 시기를 지나면서 예측하기가 힘든 시대가 도래했습니다. 얼마 전에는 지금 이 시대를 '전환기'라는 용어에 담아 설명했습니다. 그러나 요즘에는 '대전환기'라는 용어를 사용합니다. 그만큼 시대가 급변하고 있다는 뜻이고, 앞으로 도래할 시대를 예측하기 힘들다는 의미일 것입니다.

제가 예측하는 시대의 흐름은 인간의 본성에서 찾을 수 있습니다. 인간은 새로운 문명이 오거나 최첨단의 기술이 발달하면 그것을 빨리 익히고 편리하게 향유하고 싶은 미래 지향적 본성이 있습니다. 동시에 과거의 것을 그리워하고 따뜻한 감성과 인간미를 추구하는 과거 회귀 본성도 있습니다. 작용-반작용처럼 미래로 가고자 하는 의지와 과거로 회귀하려는 의지가 공존하고 있는 것이 인간의 본성입니다. 그래서 현재도 최첨단 인공지능(AI) 문화와 레트로 문화가 공존하고 있는 것입니다.

앞으로 디지털 과학기술 문명은 계속 발전할 것입니다. 세계 경제포럼(World Economic Forum)의 《Future of Jobs Report 2023》(일자리 미래 보고서 2023)에 따르면, 디지털 플랫폼 및 앱 기술, 교육 및 인력 개발 기술, 빅데이터 분석 기술, 사물 인터넷 및 연결 장치 기술, 클라우드 컴퓨팅 기술, 암호화 및 사이버 보안 기술, 전자 상거래 및 디지털 무역 기술, 인공 지능 기술, 환경 관리 기술, 기후 변화 완화 기술, 텍스트·이미지·음성 처리 기술, 증강 및 가상 현실 기술, 전력 저장 및 발전 기술, 전기 및 자율 주행차 기술, 로봇 기술이 중요해진다는 것을 확인할 수 있습니다. 그리고 이러한 기술을 사용하는 일자리들이 많이 창출될 것이라고 예상할 수 있습니다. 이러한 시대적 흐름 속에 중요해지는 역량은 창의적 사고, 분석적 사고, 기술 리터러시, 호기심과 평생 학습, 탄력성과 유연성과 민첩성, 시스템 사고(Systems Thinking), 동기 부여 및 자기 인식 등입니다.[2]

한편, 이러한 과학기술 사회 가운데 인간의 소외 문제는 심각해지고 정신적으로 황폐해지면서 과거 회귀와 인간 감성을 강조하는 문화가 계속 발전할 것입니다. 따라서 과학기술과 관련된 산업, 그것을 실생활에 적용하는 산업(예: 의료 기술)이 계속 발전하는 가운데, 예전에 유행했던 패션이라든지 아이템(예: 필름 카메라, LP판, 오락실 게임기) 등을 다루는 레트로 산업도 계속될 것입

---

2 World Economic Forum, *Future of Jobs Report 2023* "World Economic Forum Insight Report"(May 2023).

어쩌다 학부모

니다.

또한 인간의 정신적인 건강을 위한 상담 관련 산업, 인간의 감성적인 측면을 강조하는 산업도 지속적으로 발전할 것입니다. 따라서 우리 부모는 인간의 본성에 관한 깊이 있는 통찰을 가져야 하며, 성경을 열심히 읽고, 인문학 서적도 틈틈이 읽어야 합니다.

제가 즐겨 보는 책을 권하고 싶습니다. '트렌드'라는 단어가 들어가는 책입니다. 트렌드 관련 책은 통계를 바탕으로 현재를 분석하고 미래를 예측하는 내용을 담고 있어 미래 시대를 내다보는 데 도움이 됩니다.

✳ 성찰과 결심

1. 현재 자녀가 어떤 직업에 관심을 두고 있습니까?

_____

_____

2. 솔직히 자녀가 어떤 직업을 가지기를 원합니까?

_____

_____

3. 자녀가 그 직업을 가지기 원하는 이유는 무엇입니까?

_____

_____

4. 직업과 하나님의 꿈은 어떤 관련성이 있습니까?

_____

_____

5. 자녀가 하나님의 꿈으로 나아가기 위한 수단으로서 직업을 선택하도록 어떤 도움을 줄 수 있습니까?

_____

_____

06

자기 주도적 학습을
실천하는 자녀

❀ 자기 주도적 학습을 잘하는 자녀의 특징

자기 주도적 학습은 학습자 스스로 학습 목표를 세운 뒤, 학습에 대한 열정을 가지고 그 목표대로 수행하고, 잘되었는지를 평가하는 등 학습의 전 과정에 대해 책임을 지는 학습 형태입니다. 부모의 입장에서 자기 주도적 학습은 매우 이상적인 학습의 형태로 보일 수 있습니다. 부모는 자녀가 자기 스스로 공부할 수 있는 아이로 성장하도록 도와야 합니다.

부모가 자녀에게 "오늘부터 자기 주도적 학습을 하자!"라고 말한다고 해서 자기 주도적 학습이 이루어지는 것이 아닙니다. 훈련되지 않은 채 자기 주도적 학습을 하면 자기 통제가 되지 않아 게을러져서 오히려 학습 효과가 떨어질 수 있습니다. 또한 자기 혼자 공부 계획을 세우고 공부를 하다 보면 목표가 계속 바뀔 수도 있습니다. 예를 들어, "오늘은 수학 문제집 100-120페이지까지 풀어야지"라고 목표를 세우고 공부를 시작했는데, 예상보다 시간이 오래 걸리면 중간에 "오늘은 110페이지까지 해야지"라고 목표를 쉽게 바꿀 수 있습니다.

부모는 자녀가 자기 주도적 학습을 잘할 수 있도록 협력자와 도우미 역할을 잘해야 합니다. 처음부터 자녀에게 알아서 하라는 식으로 내버려 두어서는 안 됩니다. 어느 정도 시간이 흐른 후에 자녀가 자기 주도적 학습을 스스로 잘할 경우에 비로소 자녀 스스로 모든 것을 할 수 있도록 맡기는 것이 바람직합니다.

자기 주도적 학습이 잘되는 학생은 공부에 대한 의지가 강해서 목표한 바를 이룹니다. 무엇보다 자기 주도적 학습이 잘되었을 경우에는 의지적인 측면에서 큰 성장을 이룰 수 있습니다. 그뿐 아니라 인내력과 판단력 부분에서도 크게 도약할 수 있습니다.

또한 자기 주도적 학습이 잘되는 학생은 학원이나 과외 교사에게 의존하지 않습니다. 많은 학생이 학원에 가고 과외를 받지만 성적이 크게 오르지 않는 이유는 학원이나 과외 교사에게 의존하기 때문입니다.

예를 들어, 학원에 가서 수학 공부를 한다고 합시다. 이때 수학 문제집의 문제를 학생 스스로 푸는 것이 아니라 학원 선생님이 칠판에 문제를 푸는 과정을 구경하는 것입니다. 학원에서 선생님이 수학 문제를 푸는 것을 볼 때는 이해가 되고 쉬워 보이는데, 막상 집에 와서 혼자 풀려고 하면 잘 풀지 못합니다. 수학 선생님이 문제를 푼 것이지 내가 푼 것이 아니기 때문입니다. 과외를 받는 학생들에게도 마찬가지 현상이 발생합니다.

그러나 자기 주도적 학습이 잘되는 학생은 스스로 학습을 해 나가기 위해 최선을 다하기 때문에 학습 진도를 나가는 데는 오래 걸릴지 모르지만 공부하는 내용을 정확히 이해하고 넘어가기에 학습 효과가 올라가고, 학원이나 과외 교사에게 의존하지 않게 됩니다.

저는 학창 시절에 자기 주도적 학습을 잘하는 학생이었습니다. 처음부터 잘했다기보다 환경이 그렇게 만들었습니다. 아버지가 작은 교회에서 목회를 하셨기 때문에 남들처럼 좋은 학원에 가거나 과외를 받을 수 있는 형편이 아니었습니다. 그리고 어머니도 아버지와 함께 심방을 가는 등 아버지의 목회 활동을 돕는 역할을 하느라 바빠서 저 스스로 공부를 할 수밖에 없는 상황이었습니다.

제가 학창 시절에 다닌 학교는 부촌에 위치하고 있었습니다. 제가 사는 곳은 당연히 부촌이 아니었는데, 학교가 그쪽으로 배정된 것입니다. 저희 반 아이들 대부분이 선행 학습을 했고 고액 과외를 받는 것은 일상이었습니다. 제가 중학교에 진학했을 때 교실에서 한 친구가 저에게 와서 "너는 어디까지 공부 마치고 왔니?"라고 질문했습니다. 저는 질문을 이해하지 못해서 "초등학교 6학년까지 마치고 왔어"라고 답했습니다. 그 친구가 "나는 중학교 과정을 다 공부하고 왔어"라고 말했는데, 저는 무슨 소리인지 몰라 고개를 갸우뚱했던 기억이 납니다.

저는 대부분의 학생이 선행 학습을 하고 고액 과외를 받는 환경 가운데서 선행 학습은커녕 복습 위주로 자기 주도적 학습을 했습니다. 그런데 다른 학생들보다 공부를 잘했습니다. 제 경험에 비추어 보았을 때 저는 우리 자녀 역시 자기 주도적 학습이 충분히 가능하다고 확신합니다.

사춘기 시절에는 독립된 성인으로 성장하는 과정에서 어떤 것을 강요받는 일을 정말 싫어합니다. 저도 청소년 시절에 사춘기 경향성이 강하게 나타났기 때문에 공부에 대해 강요를 받았다면 공부를 아예 안 했을 것 같습니다. 따라서 부모는 자녀가 자기 주도적 학습을 할 수 있도록 상황과 환경을 지혜롭게 만들어 주어야 합니다. 그래야 자녀 스스로 공부에 흥미를 가지고 열심히 할 것입니다.

✿ 부모의 역할

자녀가 자기 주도적 학습을 할 수 있게 되기까지 부모의 역할은 협력자와 도우미라고 언급했습니다. 협력자와 도우미 역할은 자녀 스스로 공부를 열심히 할 수 있다는 것을 믿고 신뢰하는 것을 전제로 합니다. 또한 부모가 공부의 과정을 간섭하고 일방적으로 공부의 분량을 정하는 것이 아니라 자녀의 의견을 존중하는 태도를 전제로 합니다.

자기 주도적 학습을 시작한다고 해서 자녀가 처음부터 잘하는 것은 아닙니다. 따라서 처음에는 부모와 자녀가 함께 상의해서 진행해야 합니다.

목표 세우기

자기 주도적 학습을 습관화하기 위해 부모가 구체적으로 해야 하는 첫 번째 과정은 목표 세우기입니다. 목표는 구체적일수록 좋고, 최선을 다하면 도달할 수 있게끔 약간 버거울 정도의 목표가 좋습니다. 목표가 너무 어려우면 아예 포기할 수 있기 때문입니다.

자녀와 함께 목표를 정하되 자녀를 존중하는 가운데 대화를 통해서 정하는 것이 좋습니다. 예를 들어, 수학 문제집을 푼다면 오늘은 어디까지 풀 수 있는지를 부모와 자녀가 대화하면서 정하는 것입니다.

> 엄마: 엄마는 네가 오늘 3시간 동안 수학 문제집 100-120페이지까지 풀 수 있을 것 같은데 너는 어떻게 생각하니?
>
> 자녀: 엄마! 분량이 너무 많아요. 3시간 동안 어떻게 20페이지를 풀 수 있겠어요. 못해요.
>
> 엄마: 그렇구나. 그럼 최선을 다한다면 몇 페이지까지 풀 수 있을 것 같은데?
>
> 자녀: 저는 110페이지까지는 그럭저럭 풀 수 있을 것 같은데, 조금 더 무리를 한다면 115페이지까지 풀 수 있을 듯해요. 정확히는 모르겠지만.

엄마: 최선을 다하면 할 수 있을 거야. 그럼 오늘은 100-115페이지까지 푸는 것을 목표로 해 보자. 화이팅!

자녀: 네~ 열심히 해 볼게요!

평가하기

자녀가 열심히 공부한 다음에는 자녀와 함께 평가하는 시간을 가져야 합니다. 평가의 기준은 당연히 목표입니다. 세운 목표대로 수행했으면 좋은 평가를 할 수 있습니다.

엄마: 오늘 수학 문제집 푸느라 고생했어! 오늘 3시간 동안 수학 문제집 100-115페이지까지 푸는 게 목표였는데, 다 했니?

자녀: 엄마! 최선을 다하려고 했는데, 솔직히 중간에 졸려서 잠깐 잠을 잤어요. 그리고 일어나서 열심히 풀었지만 110페이지까지밖에 못 풀었어요.

엄마: 그랬구나. 그런데 목표는 이루기 위해 세운 것이니까 최선을 다해서 이뤄 보자. 오늘 잠자기 전까지 115페이지까지 하면 좋을 것 같아. 그래야만 내일 목표가 미루어지지 않게 되거든. 할 수 있겠지?

자녀: 힘들지만, 엄마와 내가 함께 세운 목표니까 해 볼게요.

엄마: 역시 우리 아들(딸)은 책임감이 있다니까! 엄마가 간식 가져다줄게.

이처럼 평가를 할 때 목표로 한 것을 다 수행했으면 구체적인 칭찬을 해 주고, 수행하지 못했을 경우에는 할 수 있다는 자신감을 심어 주고, 응원과 격려를 하며, 자녀에게 책임감을 부여하며 오늘 안에 목표를 끝까지 달성할 수 있도록 유도하는 것이 좋습니다. "내일 하면 되지" 하며 미루는 습관은 좋지 않습니다. 오늘 목표로 한 것은 반드시 수행하는 것이 습관이 될 때 공부에 대한 의지가 생기고 자기 주도적 학습을 할 수 있는 능력을 배양하게 됩니다.

복습 위주로 하라

자기 주도적 학습은 학습자 스스로 학습 자료를 가지고 공부해 나가는 것이기 때문에 선행 학습을 완벽하게 하기란 쉽지 않습니다. 물론 교과서나 문제집을 읽으면서 선행 학습이나 예습을 할 수 있지만, 이해하지 못하는 내용이 나오면 막히기 쉽고, 이해하지 못하는 내용을 이해하려고 노력하다 보면 시간만 지체되고 비효율적인 학습이 될 우려가 있습니다. 따라서 자기 주도적 학습은 학교에서 선생님으로부터 배운 내용을 가지고 복습 위주로 진행하는 것이 좋습니다.

저는 자기 주도적 학습을 했기 때문에 예습은 크게 의미 없다는 판단을 했습니다. 그래서 수업 시간에 배운 내용을 바탕으로 복습 위주로 자기 주도적 학습을 진행했습니다. 먼저는 교과서를 읽으면서 수업 시간에 진도 나간 부분에 대해 복습을 진행했고, 그다음에는 수업 시간에 필기한 내용을 가지고 복습을 했습니다. 다음으로 진도 나간 부분에 해당하는 문제집을 풀면서 복습을 진행했습니다.

저는 학창 시절에 많은 문제집을 풀기보다 교과서에 나온 문제를 풀고, 주요 과목의 경우에는 문제집 두 권을 풀었습니다. 두 권을 겉핥기식으로가 아니라 열심히 풀고 반복해서 또 풀었습니다. 그러다 보면 서로 중복되는 문제 유형이 많다는 것을 발견하게 됩니다. 교과서에 나온 문제를 풀고, 그 외 문제집 두 권만 제대로 풀고 마스터하면 시험에 나올 만한 문제는 뻔합니다. 그래서 주요 과목의 경우 수능과 연계되는 EBS 문제집과 그 외에 문제집 한 권만 더 풀면 된다고 봅니다.

다시 한 번 강조하지만 자기 주도적 학습의 경우는 복습 위주로 하라고 권하고 싶습니다.

❀ 자기 주도적 학습의 핵심은 동기 부여와 자신감이다

자기 주도적 학습이 잘되기 위해서는 자신이 왜 공부해야 하는지 공부의 동기를 확실하게 가지고 있어야 합니다. 청소년들과 대화해 보면 공부의 동기가 수동적인 경우가 정말 많습니다.

"대학 가야 하니까 어쩔 수 없이 공부하는 거예요."

이러한 수동적인 동기를 가지고서는 자기 주도적 학습을 실천하기가 어렵습니다. 또 어떤 학생은 공부의 동기를 부모에게서 찾습니다.

"공부 잘하면 부모님이 기뻐하시니까 효도하려고 열심히 하는 거예요."

이 또한 공부의 동기를 잘못 가지고 있는 것입니다.

공부하는 동기의 핵심은 무엇일까요? 그 답은 "공부는 자기 자신을 위해서 한다"는 것입니다. 즉 공부를 하면 자신에게 유익이 된다는 것입니다.

물론 이 말은 세속적인 가치를 말하지 않습니다. 공부 잘해서 좋은 대학 가고, 그다음 원하는 직업과 직장을 가지고 돈 많이 벌어서 편하게 살자는 의미가 아닙니다. 자기 자신에게 유익이 된다는 말은 결국 자신이 원하는 꿈을 이루게 된다는 뜻입니다. 신앙 안에서 발견하는 하나님의 꿈, 즉 하나님 사랑, 이웃 사랑을 구체적으로 실천하는 꿈도, 생명을 살리는 꿈도 사실은 내가 원하는 꿈입니다. 하나님의 꿈이 나의 꿈이 되는 것입니다. 그래서 결국 공부를 하고 준비를 해야 나의 꿈이 이루어지는 것입니다.

공부를 하면 내가 원하는 꿈을 이루고, 내가 원하는 가치 있는 삶을 살 수 있으며, 선한 영향력을 발휘할 수 있는 기회가 생긴다는 점을 확실하게 깨달을 때 우리 자녀는 누가 잔소리해서 공부하는 것이 아니라 스스로 열심히 공부할 수 있는 힘이 생겨납니다.

그리고 자기 주도적 학습을 계속 끌고 갈 수 있는 힘은 자신감에서 나옵니다. 자신감은 교만을 말하는 것이 아닙니다. 자신감은 언젠가는 잘될 것이라는 정신 승리도 아닙니다. 자신감은 자기 자신이 최선을 다해 공부할 수 있는 존재임을 믿는 것입니다. 자신이 최선을 다해 열심히 공부하면 그에 따르는 결과가 나올 것이라는 확신을 가지는 것입니다.

대개 자기 주도적 학습을 잘 못하는 자녀는 부모나 학교 및 학원, 과외 교사에게 의존적인 성향을 보입니다. 의존적인 성향이 강해지면 '나 스스로는 최선을 다해 공부할 수 없고, 누군가가 내 옆에서 나를 도와주어야만 공부할 수 있다'고 생각하게 됩니다.

부모는 우리 자녀가 자신감을 가지고 열심히 공부할 수 있도록 응원하고 격려해야 합니다. 또한 최선을 다해 열심히 공부했는데도 원하는 성적이 나오지 않아 좌절할 때에도 공부에 대한 흥미와 열정을 잃지 않고 계속 열심히 공부할 수 있게끔 적절한 운동과 취미 생활, 휴식, 맛있는 식사 등을 통해 스트레스를 관리하도록 도와줄 필요가 있습니다.

공부를 열심히 하면 성적이 서서히 올라갈 수도 있지만, 계단식으로 성적이 올라갈 때도 있습니다. 그래서 성적이 오르지 않고 정체되어 있다고 느낄 때는 도약을 위한 준비 시간이라고 생각해야 합니다.

✤ 자녀의 자기 주도적 학습을 위한 부모 실천 십계명

1계명 자녀에게 공부를 강제적으로 시키지 말라!

2계명 자녀 스스로 공부할 수 있는 존재임을 믿어라!

3계명 공부의 목표를 세우는 데 있어 자녀의 생각과 판단을 존중하라!

4계명 자녀가 자기 주도적 학습의 형태로 잘 나아갈 수 있도록 도와주고 자신감을 불어넣어 주는 협력자가 되라!

5계명 자녀가 자기 주도적 학습을 잘 실천할 때까지 조급해하지 말고 기다려라!

6계명 자녀가 공부의 목표대로 수행했을 때는 구체적인 칭찬을 하고, 목표대로 수행하지 못했을 때는 질책보다 잘할 수 있다는 확신을 주고 응원과 격려를 하라!

7계명 공부는 부모를 위해서 하는 것이 아니라 본인을 위해서 하는 것임을 깨닫게 하라!

8계명 오늘 세운 목표는 오늘 반드시 이룰 수 있도록 자녀의 의지를 키워라!

9계명 부모도 공부하면서 열심히 하는 모습을 자녀에게 보여 주라!

10계명 자기 주도적 학습을 잘 수행하기 위해 공부의 동기를 점검하고, 바른 공부의 동기를 가질 수 있도록 도전을 주라!

✤ 성찰과 결심

1. 자기 주도적 학습이란 무엇입니까?

    _____

    _____

2. 자기 주도적 학습을 하기 위한 전제는 무엇입니까?

    _____

    _____

3. 자녀가 공부의 동기를 어디서 찾고 있다고 생각합니까?

    _____

    _____

4. 자녀를 자기 주도적 학습을 실천하는 아이로 키우기 위해 부모인 내가 버려야 할 잘못된 습관은 무엇입니까?

    _____

    _____

5. 자녀를 자기 주도적 학습을 실천하는 아이로 성장시키기 위해 어떤 구체적인 실천을 하겠습니까?

    _____

    _____

어쩌다 학부모

과목별 효과적인 공부법

효율적인 학습을 위해서는 공부하는 과목에 맞는 효과적인 공부법을 사용해야 합니다. 공부를 잘하기 위해서는 공부의 양도 중요하고, 공부의 시간도 중요하고, 공부의 환경도 중요하겠지만, 무엇보다도 공부의 방법이 중요합니다. 그래서 과목에 맞는 효과적인 공부법을 찾고 적용하는 것이 중요합니다.

대학 수학능력시험의 과목을 예로 든다면, 국어, 수학, 영어, 한국사, 사회, 과학 정도를 말할 수 있을 것입니다. 과목마다 자신만의 효과적인 방법을 찾아서 적용하는 것이 중요합니다.

저에게도 나름대로 과목별 공부법이 있었습니다. 제 방법이 누군가에게는 효과적이고 누군가에게는 효과적이지 않을 수도 있지만, 참고용으로 수록합니다.

✿ 국어 공부법

국어를 잘하기 위해서는 국어책에 나오는 다양한 형식의 글을 많이 읽고 이해하는 훈련을 해야 합니다. 국어책에 나오는 형식의 글은 논설 및 신문 사설 형태의 글, 자전적 글, 문학적 글(예: 고전을 포함한 수필, 시, 소설) 등일 것입니다. 따라서 꾸준하게 논설문으로 된 글, 신문 사설, 문학 작품을 읽어야 합니다. 특히 문학 작품에 있어서는 저자와 시대 배경, 핵심 내용 등을 이해하고 정리해 두어야 합니다.

책을 읽을 때 내용을 빨리 이해하는 좋은 방법은 문단별로 핵심 내용을 이해하고 한 문장으로 요약하는 훈련을 하는 것입니다. 그래서 책 문단 끝 여백에 한 문장으로 요약한 글을 매번 써 두는 것이 좋습니다. 이 훈련을 꾸준히 하면 글을 빨리 읽고 이해하는 능력을 키울 수 있으며, 글을 쓰는 논술 훈련이 될 수 있습니다.

대학 입시에서 논술도 중요한데, 논술은 논리적 글쓰기입니다. 논술에서는 자신이 주장하는 내용이 반드시 있어야 하고, 그 주장을 뒷받침하는 근거를 제시해야 합니다. 그럼으로써 독자로 하여금 자신이 주장하는 내용에 설득되도록 하는 것입니다. 논술을 잘하기 위해서는 논설문이나 사설문을 특히 잘 읽으면서 문장의 구조와 전개 방식을 이해하도록 하고, 근거를 제시할 때는 누가 읽어도 수긍이 될 만한 일반화 가능성을 항상 염두에 두어야 합니다.

논술에서 서론은 독자로 하여금 주목하게 해야 하기에 삶 속에서 공감이 될 만한 이야기나 충격적인 뉴스, 흥미를 가질 만한 통계를 제시하는 것이 중요합니다. 본론에서는 자신이 주장하고 싶은 내용을 세 가지 정도(첫째, 둘째, 셋째 등)로 나눠서 구조화하고 분명하게 자기 의견을 제시해야 합니다. 자기 의견을 제시하는 문장을 쓰고는 반드시 설득이 될 만한 근거가 되는 내용으로 구성된 문장을 써야 합니다. 결론에서는 본론에서 자신이 주장한 내용을 요약하고, 다른 문장을 사용해서 한 번 더 강조합니다. 문제에 대한 대안을 제시하는 것이 논술의 주제라면 대안대로 할 때 일어날 변화와 희망찬 미래를 제시하며 마무리하는 것이 좋습니다.

� 수학 공부법

학생들이 제일 힘들어하는 과목이 사실 수학입니다. 그래서 학원가마다 수학 교사가 제일 인기가 많습니다. 수학은 수학적 머리가 있는 학생의 경우는 많이 공부하지 않아도 잘합니다. 제 친구가 그랬습니다. 다른 과목의 점수는 좋지 못한데 수학 점수만 좋았습니다. 그렇다고 수학 공부를 열심히 하는 것도 아니고, 제가 보았을 때는 대충 하는 것 같은데 이상하게 성적이 잘 나왔습니다. 수학적 머리를 타고난 학생의 경우에야 수학에 자신감이 있겠지만, 저를 비롯한 대다수의 학생들은 수학에 관해서 두려움을 가지고 있습니다.

그리고 수학 공부를 하는 데는 시간이 많이 걸린다고 생각합니다. 왜냐하면 한 문제를 풀려면 어느 정도의 시간이 걸리고, 못 풀 경우에는 풀릴 때까지 붙잡고 있어야 하기 때문입니다. 그래서 어느 때에는 수학 문제집 한 장을 푸는 데 두 시간이 훌쩍 지나가기도 합니다.

저는 학창 시절에 제일 어려운 문제를 풀겠다고 마음먹고는 당시 제일 어렵다고 소문난 수학 문제집을 풀었는데 하루 종일 세 문제도 못 풀었던 기억이 납니다. 오기가 나서 끝까지 답안을 보지 않았는데 결국 풀지 못하고 시간만 낭비했습니다.

수학을 효율적으로 공부하는 방법은 없을까요?

저는 개인적으로 수학 문제를 풀 때 풀릴 때까지 열심히 푸는 것이 맞다고 생각하지만, 현실적으로 우리 자녀는 수학 공부에만 모든 시간을 보낼 수 없습니다. 공부해야 하는 다른 과목들도 많기 때문입니다. 그래서 수학을 효율적으로 공부하기 위해서는 때로 수학도 암기 과목으로 볼 수 있어야 합니다.

이에 대해서 제가 고등학교 3학년 때 만났던 수학 선생님이 수학에 대한 패러다임을 바꿔 주셨습니다. 당시 선생님은 저희에게 "수학도 암기 과목이다"라고 말씀하셨습니다. 저는 처음에는 이 말을 듣고 충격을 받았습니다. 그리고 왜 수학이 암기 과목인지 의문이 들었습니다. 선생님은 이렇게 말씀하셨습니다.

"수학 문제를 열심히 풀고, 결국 내가 풀지 못한다는 판단이 들면 바로 답안을 봐라. 답안을 보고 이 수학 문제가 어떻게 풀리는지 이해해라. 그리고 그 풀이 과정을 외워라. 그래서 수학도 암기 과목이다."

저는 이 부분에 동의했고, 선생님 말씀대로 수학 공부를 했습니다. 풀리지 않는 문제를 마냥 붙잡고 있을 만큼 우리 자녀에게는 공부 시간이 많지 않습니다. 따라서 수학 문제를 풀다가 못 풀겠다는 판단이 들면 바로 답안을 보고는 이 문제를 어떻게 풀 수 있는지 이해하고, 그러고 나서 풀이 과정을 연습장에 쓰면서 외우는 것이 좋습니다.

자녀가 수학 학원에 가고 수학 과외를 받지만 성적이 오르지 않는 이유는 풀이 과정을 외우지 않았기 때문입니다. 수학 학원이나 과외 선생님이 수학 문제를 풀어 주는 것을 구경하면서 이해는 했지만, 혼자서 다시 반복하고 반복하면서 풀이 과정을 외우지 않았기 때문입니다. 그래서 학교에서, 학원에서, 과외를 하면서 선생님이 풀어 주는 수학 문제 풀이 과정을 외우는 복습 과정이 반드시 필요합니다. 자기 혼자서 수학 문제를 풀 때도 마찬가지입니다. 스스로 풀지 못한다는 판단이 들면 답안을 보고 이해하고, 풀이 과정을 보고 또 보고, 연습장에 쓰고 또 쓰면서 외워야 합니다.

그리고 수학을 잘하기 위해서는 자녀 스스로 자신의 약점 부분을 찾을 수 있어야 합니다. 수학의 여러 내용 중에 자신의 약점이 있습니다. 잘 틀리거나 문제 풀이를 잘 못하는 부분이 바로 자신의 약점입니다. 어떤 학생은 1차 함수, 어떤 학생은 2차 함수, 어떤 학생은 확률, 어떤 학생은 2차 방정식이 약점일 수 있습니다. 그렇기 때문에 자신이 많이 틀리는 부분은 집중적으로 이론 부분을 공부하고 문제 풀이를 확실하게 해야 합니다.

더 나아가 수학 오답 노트를 만들어야 합니다. 수학 오답 노트에 풀이 과정까지 다 써야 합니다. 오답 노트를 만드는 것이 습관이 되기 전까지는 하기 싫은 지겨운 일일 수 있습니다. 하지만 습관이 되면 오답 노트는 나의 수학 성적을 실제적으로 향상해 주는 중요한 도구가 될 수 있습니다. 수학 시험 전날에는 오답 노트에 적어 놓은 문제를 다시 풀어 보고, 풀이 과정을 보면서 이해하고, 암기했는지를 확인하는 시간을 가지면 됩니다.

수학 점수가 잘 오르지 않는 학생들의 특징은 수학에서 자신이 잘하는 영역의 문제만 계속 풀고, 자신이 잘 못하는 영역은 포기하고 아예 문제 풀이를 하지 않는다는 것입니다. 하지만 자신 있는 영역은 공부를 더 하지 않아도 되고, 자신이 잘 못 푸는 수학 영역을 집중해서 공부해야 성적이 오르는 것은 당연합니다.

수학 문제집은 여러 권 풀 필요는 없습니다. 고등학생의 경우 교과서, 수능과 연계되는 EBS 문제집, 또 다른 문제집 한 권 정도만 제대로 꼼꼼히 풀면 많은 문제 유형이 중복되기에 충분합니다.

✾ 영어 공부법

일상적 언어로서의 영어 공부와 입시를 위한 영어 공부가 다르다고 말하는 전문가들이 많습니다. 하지만 제일 좋은 목표는 일상적 언어로서의 영어도 잘하고, 수능과 같은 입시에서도 영어 점수를 잘 받는 것입니다. 그러기 위해서는 영어 자체에 흥미를 가지는 것이 중요합니다.

언어 공부에서 제일 중요한 점은 필요성과 흥미입니다. 당장 유학을 가야 하는 사람은 토플과 같은 공인 영어 점수를 따야 할 필요가 있기 때문에 영어 공부를 열심히 할 것입니다. 그리고 다른 나라의 언어를 말한다는 것이 흥미롭고 재미있는 사람은 영어 공부를 열심히 할 것입니다.

자녀의 경우는 학교에서 영어 시험을 봐야 하고, 수능에서 영어 시험을 봐야 하기 때문에 영어를 공부해야 하는 필요성은 충분히 가지고 있습니다. 그렇다면 영어 공부를 열심히 할 수 있는 또 하나의 조건인 흥미를 유발할 수 있도록 자녀의 관심사와 영어를 연결시키는 것이 좋습니다.

예를 들어, 자녀가 영화를 좋아한다면 한국어 자막을 뺀 채 외국 영화를 보게 하는 것입니다. 이때 같은 영화를 네 번 정도 반복해서 보는 것이 좋은데, 구체적인 방법은 이렇습니다. 처음 볼 때는 그냥 전체적으로 보면서 영화의 내용을 이해하려고 노력하게 합니다. 두 번째 볼 때는 내용이 아닌 영어 자체를 듣기 위해 등장인물들 간의 대화에 주목하게 합니다. 세 번째 볼 때는 전체적으로 영화의 내용도 이해하고 등장인물들 간의 대화도 한 번 더 집중해서 듣게 합니다. 네 번째 볼 때는 영어 자막을 켜고 보면서 그동안 잘 듣지 못한 부분을 파악하게 합니다.

이 외에도 자녀가 축구를 좋아한다면 한국인 해설자가 해설하는 축구 중계가 아니라 외국인 해설자가 영어로 해설하는 축구 중계를 보게 하는 것입니다. 이때 참고할 점은 수능과 같은 입시 영어에서 듣기 평가는 문법이 정확한 뉴스형 영어를 쓰기 때문에 ABC, NBC, CNN, AP 뉴스 채널을 많이 시청하는 것이 좋다는 것입니다. 영어 뉴스를 자꾸 보다 보면 영어에 흥미를 가지게 되고 시사 상식이 늘어나는 효과도 얻게 됩니다.

그리고 입시 영어에서는 문법이 중요합니다. 영어 문법은 공식적인(official) 영어를 쓸 때 필요한데, 입시에 나오는 지문, 문법 문제 등은 공식적인 영어를 기반으로 해서 만들어지기 때문에 문법 공부를 확실하게 해야 합니다. 그렇다고 지겹게 두꺼운 문법책을 처음부터 끝까지 달달 외우라는 뜻은 아니고, 참고용으로 읽는 것이 좋습니다. 문법책은 참고서이기 때문에 자세하게 설명된 책이 좋습니다.

그런데 문법에 흥미를 가지게 되는 경우는 쓰기(writing)를 할 때입니다. 영어로 쓰기를 하다 보면 문장을 어떻게 써야 하는지 잘 모를 때가 옵니다. 그때 찾아보는 것이 바로 문법책입니다. 예를 들어, 한 단어를 한 문장 안에서 자세하게 설명하고 싶을 때 어떻게 써야 할지 모르겠다면 '관계대명사' 편을 찾아보면 됩니다. 그러면 which나 that 등으로 연결해서 한 단어를 자세하게 설명하는 방법을 알 수 있습니다.

또 다른 예로, 현재 일어나는 일을 강조하고 싶은데 어떻게 써야 할지 모를 경우 '동사' 편 '현재진행형'을 찾아보면 알 수

어쩌다 학부모

있습니다. 틈틈이 영어로 일기를 쓰거나 주제를 정해서 논술하듯 영어로 쓰는 훈련을 하는 것은 영어 실력 향상에 큰 도움이 됩니다.

영어 단어를 외우는 방법에 대해서는 다음과 같은 방법을 추천합니다. '영어=한글'뿐만 아니라 '한글=영어' 호환도 잘되게 외우는 것이 제가 강조하는 영어 단어 암기법입니다. 조금 더 구체적으로 설명하면, 우리는 보통 영어 단어를 외울 때 '영어(church)=한글(교회)' 순으로 외우는데, 영작을 위해서는 반대로 '한글(교회)=영어(church)'로도 외울 수 있어야 한다는 것입니다.

❋ 한국사와 사회 공부법

보통 한국사, 사회 같은 경우는 암기해야 하는 경우가 많습니다. 암기 과목을 효과적으로 공부하기 위해서는 암기에 집중하면 안 되고 이해에 집중해야 합니다. 예를 들어, 한국사를 공부할 때는 언제 무슨 일이 일어났는지를 달달 외우기보다 그 시기에 어떤 일이 일어났는지, 그 스토리와 내용을 이해하는 것이 중요합니다. 이해하면 자연스럽게 외워지기 때문입니다. 그래서 암기 과목은 흥미 유발이 필요합니다.

감사하게 요즘에는 한국사나 사회 과목의 경우 흥미를 유발하는 콘텐츠와 프로그램이 많습니다. 유명 강사가 한국사의 내용을 입체적인 자료를 활용해서 강의해 주는 유튜브 콘텐츠, 연예인 패널들과 전문가가 나와서 한국사나 세계사를 다양한 각도로 강의하고 시청각 자료를 보여 주는 텔레비전 프로그램 등이 그것입니다. 이러한 자료들을 적극 활용하는 것이 지혜입니다.

그리고 요즘은 교과서가 정말 잘 나옵니다. 따라서 한국사와 사회 과목의 경우 교과서만 정독해도 내용을 이해하는 데 별 어려움이 없고 흥미롭게 공부할 수 있습니다. 한국사와 사회 과목의 책을 교과서라고 생각하지 말고 일반 서적이라고 생각하며 편하게 읽는 습관을 가지는 것이 좋습니다.

또한 한국사나 세계사와 같이 역사와 관련된 내용은 큰 종이에 도표로 만들어서 한눈에 볼 수 있도록 하는 것이 효율적인 공부 방법입니다. 전체적인 구조와 흐름을 잡기가 수월하기 때문입니다. 한국사와 세계사를 연결하는 도표를 만드는 것도 좋은 방법입니다. 시중에서 판매하는 전문적인 도표 자료를 구입해서 보는 것도 괜찮지만, 스스로 공부하면서 연도와 역사의 내용을 정리해서 도표로 만들 경우 공부의 효과성 측면에서는 훨씬 좋습니다.

과학 공부법

모든 학문이 그렇겠지만, 과학의 경우에도 흥미 유발이 매우 중요합니다. 흥미 유발에 좋은 방법은 과학 지식 관련 여러 가지 실험을 하는 유튜브 채널을 시청하는 것입니다. 과학에 흥미를 가지게 되는 많은 경우는 과학 실험이 신기해서입니다. 실험 준비 과정과 그 결과를 기대하면서 보다 보면 과학에 흥미를 가지게 됩니다. 왜 이런 결과가 나왔는지를 분석하다 보면 과학 이론에 대해서도 관심을 갖게 됩니다.

또 다른 좋은 방법은 가까이 있는 과학관에 놀러 가는 것입니다. 과학관은 재미있는 전시도 많이 하고 자녀가 직접 실험에 참여할 수 있는 이벤트도 진행하기 때문에 과학에 관한 흥미 유발에는 제일 좋은 방법이라고 생각합니다.

저는 학창 시절에 과학 공부를 할 때 노트 하나를 마련했습니다. 그 노트에 교과서와 문제집에 나오는 과학 실험 내용과 과학의 원리를 하나하나 정리했습니다. 그래서 시험 보기 전날에는 그 노트를 집중해서 읽으면서 공부해 큰 도움을 얻었습니다. 자기 스스로 자료를 정리할 경우 정성과 노력이 들어가기 때문에 더 효율적인 학습이 될 수 있다고 생각합니다.

�֍ 성찰과 결심

1. 자녀가 각 과목에 맞는 학습 방법을 찾아야 하는 이유는 무엇입니까?

_____

_____

2. 자녀가 과목마다 어떤 방법을 가지고 공부하고 있습니까?

_____

_____

3. 자녀의 약점 과목은 무엇이며, 현재 그 약점 과목을 어떻게 공부하고 있습니까?

_____

_____

4. 자녀의 약점 과목을 강점 과목으로 바꾸기 위해서 공부 방법을 어떻게 바꿔야 하겠습니까?

_____

_____

5. 효율적인 공부를 위한 효과적인 과목별 학습 방법을 자녀에게 어떻게 적용할 수 있겠습니까?

_____

_____

공부 집중력을
키우는 방법

집중은 어떠한 일을 할 때 몰입하는 것을 의미합니다. 공부를 잘하기 위해서 필요한 요소가 바로 집중할 수 있는 힘입니다. 성적이 오르지 않는 학생의 부모님 중에 이렇게 말씀하시는 분이 있습니다.

"우리 아이는 하루 종일 독서실 가서 공부하는데 성적이 오르지 않아 참 답답합니다."

하루 종일 독서실에 가서 공부하는 것 같은데 혹은 방에 들어가서 책만 읽는 것 같은데 성적이 전혀 오르지 않는 학생들이 많습니다. 그 이유는 독서실에 가서 하루 종일 앉아 있지만 진정한 공부는 아닐 수 있기 때문입니다. 10시간 동안 의자에 앉아 있어도 꾸벅꾸벅 조는 데 2시간 쓰고, 딴생각을 하는 데 2시간 쓰고, 유튜브를 보거나 SNS를 하는 데 3시간을 쓴다면 정작 공부하는 데는 3시간 정도밖에 쓰지 않은 것입니다. 차라리 3시간 동안 집중해서 공부하고 나머지 시간에는 다른 유익한 일을 하는 편이 더 나을 것입니다.

✖ 시간이 아니라 공부할 분량으로 책정하라

이처럼 공부를 시간으로 책정하면 능률이 잘 오르지 않습니다. 매일 8시간 공부한다고 작정한다면 오늘도 8시간, 내일도 8시간, 모레도 8시간 등 매일 시간을 채웠다는 것에 의미를 부여하는 데 그칠 수 있습니다. 그리고 공부를 열심히 해야겠다는 강한 동기 부여가 잘 이루어지지 않습니다. 그래서 공부는 시간으로 하는 것이 아니라 공부할 분량으로 책정해야 합니다. 매일 공부의 분량을 정하는 것입니다.

공부의 분량을 정할 때에는 자녀가 스스로 할 수 있지만, 처음에 스스로 분량을 정하기 어려운 경우 부모가 함께 정할 필요가 있습니다. 물론 부모가 강제적으로 분량을 정해서 무조건 하라는 식으로 하면 자녀가 공부에 대해 반감을 느낄 수 있고, 사춘기는 부모의 말에 대해 반항적인 기질이 발현되는 시기이기에 부모와 갈등하는 원인이 될 수 있습니다. 따라서 부모와 자녀가 함께 이야기를 나눌 필요가 있으며, 자녀가 주도하고 부모가 도와주는 방식으로 해야 합니다. 그리고 시간이 가면서 자녀 스스로 공부의 분량을 적절하게 정하고 분량대로 잘 진행한다면 자율적으로 할 수 있도록 맡겨야 합니다.

공부의 분량을 정하는 기준은 예를 들어, 하루에 8시간 공부할 수 있는 시간이 보장된다면, 쉬지 않고 열심히 최선을 다했을 때 6시간 동안 다 할 수 있는 정도가 좋습니다. 이렇게 여유 공간을 주어 열심히 공부하고 빨리 끝냈을 때 나머지 시간에는 자기가 하고 싶은 일을 할 수 있도록 보장해 주는 것입니다. 그러면 자기가 하고 싶은 일을 하는 시간을 더 늘리기 위해 정말 열심히 공부하면서 오늘 공부해야 하는 분량을 빨리 끝내게 됩니다.

저는 어릴 때부터 지금까지 공부를 시간으로 하지 않습니다. 학교에서 선생님이 과제를 내시면 제출 기한에 근접해서 과제를 한 적이 한 번도 없을 정도입니다. 과제를 받아 오면 그것이 내가 해야 하는 공부의 분량이 되니까 어떻게든 빨리 하려고 노력했습니다. 공부를 엄청 좋아해서, 모범생이어서 그렇게 한 것이 아니라 과제를 빨리 하고 놀기 위해서였습니다.

저는 축구를 굉장히 좋아했습니다. 그래서 과제를 빨리 마치면 그 나머지 시간에는 맨날 축구하러 운동장에 나갔습니다. 지금도 마찬가지입니다. 제가 연구해야 하는 과제, 글을 써야 하는 과제가 있다면 빨리 마치려고 노력합니다. 그리고 나머지 시간은 제가 하고 싶은 일로 채우려고 합니다.

✖ 적절한 당근책을 사용하라

자녀가 해야 할 공부의 분량대로 잘 수행한다면 이에 대해 적절한 보상을 해 주는 것이 필요합니다. 적절한 보상은 더 열심히 공부해야겠다는 의지와 열정을 불러일으킬 수 있고 공부에 대한 집중력을 향상시킬 수 있습니다. 물론 여기서 말하는 보상은 큰 선물을 이야기하는 것이 아닙니다. 큰 보상이 한 번에 주어지면 보상에 대한 기대치가 올라가서 다음번에는 더 큰 보상을 원하게 되어 있고, 공부의 목적과 동기가 보상이 되어 버리는 문제가 생길 수도 있습니다.

그렇기 때문에 보상은 SNS 이모티콘, 아이스크림 기프티콘, 에너지 드링크, 자녀가 먹고 싶은 음식, 자유 시간 등 일상생활에서 자녀에게 작은 기쁨을 줄 수 있는 것으로 하면 됩니다. 이외에도 포스트잇에다 응원 메시지를 적어 자녀에게 주는 것도 자녀를 격려하고 열심히 공부한 것에 대해 인정하고 응원하는 작은 선물이 될 수 있습니다. 메시지의 예는 다음과 같습니다.

"우리 딸은 공부에 점점 더 흥미를 붙이는 것 같아. 화이팅!"

"우리 아들은 참 열심히 공부하는 성실한 사람이야. 엄마가 인정한다!"

쉬는 시간을 가지게 하라

가만히 자리에 앉아서 계속 공부만 하게 되면 당연히 집중력이 떨어집니다. 독서실과 같은 좁은 공간에 계속 앉아 있으면 뇌에 산소가 공급되는 양이 줄어들어 잠이 오면서 집중력이 하락합니다. 그렇기 때문에 공부하다가 집중력이 떨어질 때는 계속 자리에 앉아 있기보다 잠깐의 쉬는 시간을 가지는 것이 좋습니다.

쉬는 시간에는 가사가 없는 잔잔한 연주 음악을 듣는 것이 좋습니다. 가사가 있는 음악은 가사를 듣느라 우리 뇌가 쉬지 못하고 계속 활동하게 만들 수 있습니다. 이 외에도 가벼운 운동을 하는 것이 좋습니다. 과격한 운동이 아니라 스트레칭을 한다든지, 바깥에 나가 한 바퀴 돌고 온다든지, 웨이트 운동으로 가볍게 팔 굽혀 펴기를 하는 것입니다. 하나 더, 발뒤꿈치를 들고 제자리 뛰기를 하는 것을 추천합니다. 그러면 가벼운 운동 효과가 나타날뿐더러 아랫집에 소음이 나지도 않아 좋습니다.

집중할 수 있는 환경을 만들라

집중을 잘 못하는 학생들의 특징 중 하나는 공부하는 책상 위가 산만하거나 공부하는 데 방해되는 물건들이 있다는 것입니다. 즉 공부에만 신경 쓰지 못하게 하는 환경이 문제가 됩니다. 공부하는 책상 위에는 공부와 관련된 것들만 있어야 합니다. 공부와 관련이 없는 책들이나, 특히 스마트폰이 있으면 안됩니다. 스마트폰으로 계속 카카오톡 메시지를 체크하고, SNS를 확인하고, 유혹을 못 이겨 유튜브에 들어가면 공부의 집중도가 급격하게 하락합니다. 따라서 공부할 때는 스마트폰을 아예 끄고 서랍 안에 두거나 가방 속에 넣어 두는 것이 좋습니다.

공부할 때 컴퓨터를 사용해야 하는 경우에는 어쩔 수 없지만, 유튜브를 보거나 연예 기사를 검색하면 공부에 집중하지 못하게 되므로 주의해야 합니다. 또한 음악을 들으면서 공부하는 것이 공부가 더 잘된다고 말하는 학생들이 있는데, 실제로는 음악을 듣지 않고 공부만 하는 것이 학업 집중도를 높일 수 있습니다. 음악을 들으면서 공부하면 뇌가 음악을 듣는 활동도 하고 공부하는 활동도 하게 됩니다. 우리의 뇌가 공부하는 활동만 하게 해야 공부에 집중력이 생기는 것입니다.

그리고 공부 공간에서 사용하는 조명의 경우 흰색 계열의 주광색 등이 노란색 계열의 백열등보다 낫습니다. 흰색 계열의 등은 이성적 작업을 하는 공간에 적합하고, 노란색 계열의 등은 감성적 작업을 하는 공간에 적합합니다.

�֎ 공부에 대한 패러다임을 바꿔 주라

자녀에게 공부에 대해 긍정적인 인지가 생길 수 있도록 '공부는 좋은 것'이라는 이미지를 심어 줄 필요가 있습니다. 공부를 정말 싫어하는 학생의 경우에는 공부에 대해 부정적인 인지가 형성되어 있다는 것을 확인할 수 있습니다.

공부에 대한 부정적인 인지는 공부하라는 잔소리를 많이 들을 때 형성될 수 있습니다. 예를 들어, 우리 자녀가 게임을 하고 있을 때 부모가 들어와서 인상 쓰고 소리치면서 말합니다.

"공부해! 공부하라고! 이제 게임 금지야!"

"빨리 게임 끄고 수학 공부나 해! 너 계속 게임하면 아빠한테 혼나."

이러한 잔소리를 많이 듣게 되면 자녀는 공부에 대해 부정적인 인지가 생길 수밖에 없습니다.

'공부는 내가 하고 싶은 것을 못 하게 막는 것이구나! 공부를 안 하는 것은 엄마, 아빠를 화나게 만드니까 공부는 억지로라도 해야 하는 것인가 보다.'

이렇게 인지가 형성된 자녀는 공부를 즐기지 못하고 공부를 싫어하게 됩니다. 공부를 하더라도 가정의 평화를 위해 억지로 하게 됩니다. 이렇게 억지로 하는 자녀가 어떻게 공부에 대해 집중력이 생길 수가 있겠습니까. 그렇기 때문에 공부에 대해 긍정적인 인지가 형성될 수 있도록 공부에 대한 패러다임을 바꿔 주어야 합니다. 부모가 웃으면서 자녀에게 이와 같은 말들을 지속적으로 반복해서 해 줄 필요가 있습니다.

"공부는 즐거운 것이란다. 공부는 놀이와 쉼이 될 수 있어."

"아빠는 놀러 갈 때 책을 가지고 가잖아. 책 읽는 것이 일이면 내가 왜 놀러 갈 때 책을 가져가겠니? 책 읽기는 놀이와 쉼이야."

"영어는 공부가 아니라 외국 친구를 사귀기 위해 하는 거야. 외국 친구와 자유롭게 말할 수 있다면 얼마나 신나겠니?"

우리 자녀가 초등학교 저학년일 때 이런 말을 반복해서 해주면 공부에 대해 긍정적인 인식으로 변화되는 효과가 더 큽니다. 공부에 대해 긍정적인 인식이 형성되면 당연히 공부 집중력이 향상됩니다.

✤ 부모가 함께하라

기독교 교육에서 제일 중요하고 효과적인 교육 방법은 바로 모델링입니다. 부모가 모범을 보이는 것입니다. 공부에 있어서도 마찬가지입니다. 부모가 공부하는 모범을 보이면 자녀도 공부하고 싶은 마음이 생기면서 공부에 대한 집중력이 올라가게 되어 있습니다.

이에 대해 부모가 너무 부담을 가지지는 말고, 자녀가 공부할 때 같이 공부하면 됩니다. 예를 들어, 자녀가 국어 공부를 하면 엄마, 아빠는 책을 읽고, 자녀가 영어 공부를 하면 엄마, 아빠는 자기 나름대로 영어 공부를 하는 식입니다. 수학도 가능합니다. 한때 텔레비전 예능 중에 연예인들이 나와서 수학 문제를 푸는 프로그램이 있었습니다. 어른 상식용으로 수학 공부를 할 수 있는 자료들을 충분히 찾을 수 있습니다.

당연히 자녀가 공부하는 전체 시간 내내 부모가 같이 공부할 수는 없겠지만, 저녁 시간만이라도 자녀와 부모가 같이 공부한다면 자녀의 공부 의지는 높아지고 공부 집중력은 올라갈 것입니다.

저는 직업이 교수이기에 퇴근하고 집에 와서도 책을 읽고 연구하고 글을 써야 하는 경우가 많습니다. 딸이 어릴 때부터 공부하는 시간에 저도 옆에서 같이 연구하고 글을 썼습니다. 그래서인지 감사하게도 제 딸은 공부를 잘하는 편입니다.

자녀에게는 공부하라고 말하고, 부모는 거실에서 텔레비전을 보거나 유튜브를 시청하면 자녀의 공부 집중력은 당연히 떨어지기 마련입니다. 자녀도 텔레비전을 보고 싶고 유튜브를 시청하고 싶어지기 때문입니다.

물론 부모는 어른이고 부모의 인생이 있는 것이기에 자녀가 공부할 때 다른 일을 충분히 할 수 있습니다. 공부는 학생으로서의 시간에 자녀가 해야 하는 일이기 때문입니다. 하지만 우리는 자녀를 사랑하기에 우리의 시간을 조금 희생해서 자녀에게 맞추고 우리 자녀가 짊어지고 있는 공부라는 짐을 같이 지는 모습을 자녀에게 보여 줄 수 있습니다. 이럴 때 자녀는 감동을 받아 힘을 낼 수 있고 공부를 더 열심히 집중해서 하는 열정이 생길 수 있습니다.

✿ 유튜브 영상 자료를 활용하라

때로는 유튜브 영상 자료가 공부에 흥미를 주고 공부 집중력을 향상시킬 수 있습니다. 예를 들어, 한국사를 공부하다가 자녀가 지루해하면 한국사 강의를 기막히게 재미있게 하는 강사의 유튜브 강의를 들을 수 있습니다. 세계사를 공부하다가 자녀가 지루해하면 전문가들이 다양한 자료를 가지고 나와서 이야기하면서 세계사를 생생하게 알려 주는 텔레비전 프로그램을 유튜브로 시청할 수 있습니다.

이 외에도 과학을 공부하다가 이해가 안 되면 유튜브에서 과학 실험 채널에 올라온 영상을 보면서 이해할 수도 있고, 수학을 공부하다가 이해가 안 되면 수학을 쉽게 가르쳐 주는 강사의 유튜브 채널 영상을 보면서 도움을 받을 수도 있습니다. 오늘날에는 공부의 다양한 소스 중 하나로 유튜브 영상 자료를 활용하는 것이 필요합니다.

어쩌다 학부모

❋ 성찰과 결심

1. 자녀의 공부 집중력은 어느 정도 된다고 평가합니까?

2. 자녀가 공부 집중력이 낮은 편이라면 그 이유가 무엇이라고 생각합니까?

3. 학업 성취도 향상을 위해 집중이 왜 중요합니까?

4. 가정에서 자녀의 공부 집중력을 방해하는 환경적인 요소는 무엇입니까?

5. 자녀의 공부 집중력을 높이기 위해 노력해야겠다고 결심한 부분은 무엇입니까?

잔소리가 아닌
모델링으로

09

절대평가를 잘하는 학부모

평가가 만연한 세상

오늘날 우리는 평가의 문화 가운데 살아가고 있습니다. 더욱이 우리 자녀에게는 무한 경쟁 시대에 비교평가를 하는 학교 문화가 일상입니다. 학교에서 중간고사, 기말고사, 수행평가를 비롯한 다양한 형성평가, 수능 모의고사, 수능고사 등 여러 시험에 둘러싸여 온갖 평가를 받습니다. 그렇기 때문에 평가 스트레스 속에 있는 우리 자녀는 '평가'라는 단어만 들으면 질색을 합니다. 비단 자녀만 그런 것은 아닙니다. 어른들도 '평가'라는 단어를 들으면 기분이 나빠지고 갑자기 소화가 안 됩니다.

그 이유는 무엇일까요? 바로 평가의 결과 때문입니다. 평가를 받아서 좋은 결과가 나오면 기분이 좋고 자신에게 이득이 되는 일이 발생하겠지만, 반대로 나쁜 결과가 나오면 기분이 나쁘고 자신에게 손해가 되는 일이 일어날 것이기 때문입니다.

예를 들어, 학생들은 시험에서 좋지 않은 점수를 받으면 대학 입시에 안 좋은 영향을 받게 되고 자신이 원하는 대학에 진학하지 못할 것이라고 생각합니다. 그리고 대학 졸업 후 자신이 원하는 직업을 가지지도 못하고 자신이 원하는 직장에 입사하지도 못할 것이라고 생각합니다. 직장인의 경우는 직원 평가에서 좋지 않은 결과를 받으면 성과급을 받지 못할뿐더러 승진의 기회도 놓치게 되고, 잘못하면 퇴사할 수도 있을 것이라고 생각해 걱정하고 두려워할 것입니다.

이처럼 평가에서 나쁜 결과를 받으면 우리 자녀가 손해를 보기 때문에 부모는 평가에 민감하게 반응하게 되고, 우리 자녀가 다니는 학교에 자녀보다 공부를 잘하는 학생이 있는지에 대해 매우 예민해집니다. 그러다 보니 부모는 자녀가 받아 온 평가 점수를 분석할 때 자녀가 학교에서 경험하듯 비교평가 방식을 사용하게 됩니다.

"너희 반에서 너보다 잘한 학생은 어느 정도 되니?"

"너희 반에서 너보다 못한 학생은 몇 명이니?"

"학교에서 네 점수면 몇 등이니?"

"옆집 아이는 몇 점 받았다던데 너는 몇 점이니?"

"엄마 친구네 아이는 평균 몇 점이라던데?"

우리 자녀는 학교에서도 비교평가를 당해 기분이 나쁜데 집에 와서 부모에게 또 비교평가를 당하는 것입니다.

비교평가의 장점은 누구를 이겨야 한다는 분명한 목적이 있기 때문에 단기간에 정신 차리고 열심히 공부하게 하는 데 도움이 될 수 있다는 것입니다. 하지만 비교평가가 계속되면 스트레스를 심하게 받고 매너리즘에 빠지기 쉽습니다. 또한 친구들을 동료로 보는 것이 아니라 이겨야 하는 경쟁자로만 보게 되고, 결국은 인간관계에 문제가 생길 수 있습니다.

절대평가로 바꾸라

이러한 비교평가의 단점을 인식하면서 자녀가 학교에서 받아 온 점수를 분석할 때나, 더 나아가 평소 자녀 교육에 있어 평가를 해야 할 때는 절대평가 방식을 사용하는 것이 좋습니다. 절대평가 방식은 다른 사람보다 잘했는지, 잘 못했는지를 분석하고 서열화하는 것이 아니라 자기 자신 안에서 평가하는 것입니다. 즉 자기가 할 수 있는 최선을 다하고, 그럼으로써 자신의 한계를 뛰어넘고, 자신의 가능성을 최대한 발휘했는가를 기준으로 평가하는 것입니다.

이런 이유로 절대평가에 있어서 경쟁 상대는 옆 사람이 아닙니다. 절대평가의 문구를 제시한다면, "나의 경쟁 상대는 옆 사람이 아니라 나다"일 것입니다. 옆 사람을 이기는 것이 공부의 동기와 목적이 아니라 바로 나 자신의 한계를 뛰어넘고 나의 가능성을 최대한 발휘해서 나의 꿈을 이루는 것입니다.

따라서 부모가 자녀를 절대평가 할 때 그 구체적인 기준은

옆집 자녀가 아니라 '지난번 시험 결과'입니다. 예를 들어, 자녀가 지난 중간고사 때 수학을 50점 받았는데 이번 기말고사에서는 51점을 받았다고 합시다. 이 경우 절대평가의 기준으로는 잘한 것입니다. 왜냐하면 자녀가 이번 시험에서 자기 한계를 뛰어넘어 1점이라는 자신의 가능성을 더 발휘했기 때문입니다. 이렇듯 지난번 시험 성적보다 점수가 더 잘 나왔다면 구체적으로 그 부분을 이야기하면서 인정해 주어야 합니다.

"우리 딸(아들)이 지난번 중간고사 수학 점수의 한계인 50점을 넘기 위해 노력했고, 그 결과 이번에 1점이 올라 51점을 받았네. 너는 너의 가능성을 1점 더 발휘한 거야. 잘했어. 너의 경쟁상대는 너의 친구가 아니라 너 자신이란다. 앞으로도 너 자신의 한계를 조금씩 조금씩 뛰어넘기 위해 열심히 노력하면 좋을 것 같아. 그리고 네가 지금 공부한 것보다 더 많은 에너지를 써서 공부를 하게 되면 1점 정도의 도약이 아니라 5점, 10점 등 더 큰 폭으로 도약할 것이라고 믿어. 더 열심히 해 보자!"

반면에 비교평가의 기준으로는 혹 반에서 1등을 했을지라도 지난번 성적보다 점수가 떨어졌다면 절대평가에서는 잘 못했다고 할 수 있습니다. 예를 들어, 자녀가 지난 중간고사 때 영어를 98점 받았는데 이번 기말고사에서는 95점을 받았다면 절대평가의 기준으로는 못한 것입니다. 왜냐하면 이번 시험에서 자기 한계를 뛰어넘지 못하고 오히려 3점 퇴보했기 때문입니다. 이런 경우 질책하고 혼내는 말을 하기보다는 점수가 떨어진 부분에 대해 객관적으로 분석하고 성찰하며, 다시 열심히 공부할 수 있는 동기와 열정을 불어넣어 주는 말을 하는 것이 좋습니다.

"우리 아들(딸)의 이번 기말고사 영어 점수는 지난 중간고사 영어 점수보다 3점이 떨어졌어. 실망하지 말고 어느 부분에서 부족한 점이 있었는지 잘 성찰해 보고 약점을 잘 공략하자. 힘을 내서 더 열심히 공부한다면 분명 다음번 시험에서는 너의 가능성을 더 발휘할 것이라 믿어. 화이팅!"

우리 자녀는 이미 학교와 학원에서 충분히 비교평가를 받고 있기 때문에 집에서만은 절대평가를 사용해도 괜찮습니다. 절대평가는 단기간에 공부의 열의를 끌어올리기는 쉽지 않을지 모르지만, 장기간에 걸쳐서는 우리 자녀가 '왜 공부해야 하는지', 즉 공부의 궁극적인 목적과 동기를 가지고 공부하게 해 줍니다.

절대평가 하시는 하나님

이 외에 우리가 절대평가 방식을 사용해야 하는 이유는 우리가 믿는 하나님이 우리를 비교평가 하지 않으시고 절대평가 하시기 때문입니다. 하나님이 우리의 신앙을 비교평가 하신다면 신앙생활이 얼마나 스트레스 받고 힘들겠습니까? 함께 신앙생활 하는 형제자매가 이겨야 하는 경쟁자로 보인다면 그 안에 진정한 사랑이 이루어질 수 있겠습니까?

마태복음 25장을 보면, 주인이 종 세 명에게 각각 금 다섯 달란트, 두 달란트, 한 달란트를 주고 일이 있어 다른 나라로 갔습니다. 그리고 한참 후에 돌아와서 결산을 했습니다. 다섯 달란트를 받은 종은 다섯 달란트를 더 남겼습니다. 그러자 주인은 "잘하였도다 착하고 충성된 종아 네가 적은 일에 충성하였으매 내가 많은 것을 네게 맡기리니 네 주인의 즐거움에 참여할지어다"(마 25:21)라고 칭찬했습니다.

두 달란트를 받은 종도 두 달란트를 더 남겼습니다. 그러자 주인은 "잘하였도다 착하고 충성된 종아 네가 적은 일에 충성하였으매 내가 많은 것을 네게 맡기리니 네 주인의 즐거움에 참여할지어다"(마 25:23)라고 칭찬했습니다.

놀랍게도, 주인이 다섯 달란트를 남긴 종에게 한 칭찬과 두 달란트를 남긴 종에게 한 칭찬이 토씨 하나 틀리지 않고 똑같습니다. 주인은 자신이 받은 것을 가지고 최선을 다해 자신의 가능성을 발휘한 종들을 절대평가 하며 칭찬한 것입니다.

한편, 한 달란트를 받은 종은 그 한 달란트를 땅에 감추어 두었습니다. 그는 주인에게 받았던 그대로 보관했습니다. 그러자 주인은 이 종을 향해 "악하고 게으른 종아 나는 심지 않은 데서 거두고 헤치지 않은 데서 모으는 줄로 네가 알았느냐"(마 25:26) 하며 무섭게 혼냈습니다.

한 달란트를 받은 종이 주인의 비판을 받은 이유는 무엇입니까? 자신이 받은 것을 가지고 최선을 다하지도 않았고, 자신의 가능성을 최대한 발휘하기 위해 노력하지도 않았기 때문입니다. 그래서 주인은 한 달란트를 받은 종에게 "게으른 종"이라고 한 것이고, 이것이 주인의 입장에서는 "악"이었습니다.

마태복음 25장에서 "주인"은 바로 우리가 믿는 하나님이십니다. 하나님은 우리를 절대평가 하신다는 사실을 기억해야 합니다. 그래서 우리 부모 역시 우리 자녀를 절대평가 해야 합니다.

누가복음 21장에서 알 수 있듯이 예수님도 절대평가를 하셨습니다. 예수님은 부자들의 헌금과 가난한 과부의 헌금 중에 가난한 과부의 헌금을 받으시고, 과부가 헌금을 가장 많이 했다고 말씀하셨습니다.

> "이르시되 내가 참으로 너희에게 말하노니 이 가난한 과부가
> 다른 모든 사람보다 많이 넣었도다"(눅 21:3).

사실 가난한 과부는 두 렙돈을 헌금했습니다. 렙돈은 당시 화폐 단위 중에 가장 작은 구리 동전이었습니다. 두 렙돈은 지금으로 환산하면 1,000-2,000원 정도 되는 액수이므로 아주 적은 금액입니다. 반면에 부자들은 돈이 많기 때문에 가난한 과부보다 헌금을 훨씬 많이 했습니다. 그렇다면 예수님은 왜 그렇게 말씀하신 것일까요?

예수님은 비교평가 하지 않으시고 절대평가 하셨기 때문입니다. 예수님이 만약 비교평가를 하셨다면 부자들이 과부보다 헌금을 훨씬 많이 했다고 인정하셨을 것입니다. 그러나 예수님은 절대평가를 하셨기에 자신이 가진 것을 최선을 다해 하나님

께 드린 과부의 헌금을 인정하신 것입니다.

"저들은 그 풍족한 중에서 헌금을 넣었거니와 이 과부는 그
가난한 중에서 자기가 가지고 있는 생활비 전부를 넣었느니
라 하시니라"(눅 21:4).

부모는 이와 같은 성경적 근거를 가지고 절대평가의 기준으
로 우리 자녀를 평가해야 합니다.

✿ 성찰과 결심

1. 자녀의 학업 가운데 평가는 왜 필요합니까?

_____

_____

2. 자녀를 평가할 때 비교평가와 절대평가 중에 주로 어떤 평가 방법을
   사용해 왔습니까?

_____

_____

3. 비교평가를 많이 받는 자녀의 마음은 어떨 것이라고 예상됩니까?

_____

_____

4. 부모가 절대평가를 해야 하는 이유는 무엇입니까?

_____

_____

5. 절대평가를 실천하기 위한 구체적인 결심은 무엇입니까?

_____

_____

학업에 변화를 주는 칭찬법

✖ 칭찬의 힘

학업의 과정 가운데 칭찬은 매우 중요합니다. 학업이 중요해지는 청소년 시기에는 인정 욕구가 매우 강하기에 우리 자녀는 누군가로부터 인정을 받으려고 합니다. 그러나 학교나 학원에 가면 인정받는 아이는 잘하는 소수 학생들로 국한됩니다. 집에서 부모가 자녀를 인정해 주는 역할을 해야 하는데, 우리 부모도 인정은커녕 다른 집 자녀와 비교하면서 성적을 가지고 잔소리하기 일쑤입니다.

학업을 감당하는 우리 자녀의 입장에서 부모의 칭찬은 매우 중요합니다. 부모의 칭찬을 받으면 좋은 점이 있습니다. 첫째, 자녀의 마음 문이 열리고 부모와의 관계가 좋아집니다. 칭찬을 들으면 일단 기분이 좋아집니다. 칭찬은 자신의 존재를 인정하고 존중해 준 것이기에 당연히 칭찬을 해 준 사람을 향해 마음 문이 열리게 되어 있습니다. 둘째, 칭찬을 받으면 열등감이 생기지 않고 건강한 어른으로 성장하게 됩니다. 칭찬을 받으면 자아존중감이 형성되고 자신을 건강하게 인정하고 사랑하게 됩니다. 셋째, 칭찬을 받으면 공부에 대한 동기와 열정이 생깁니다.

제가 중학교 3학년 때 경험한 일입니다. 당시 기술 과목이 있었는데, 국어, 영어, 수학 중심의 학교 문화 가운데 별로 중요하게 여겨지지 않은 과목이었습니다. 학생들은 수업 시간에 졸거나 딴짓을 하곤 했습니다. 제게는 책을 읽을 때 좋지 않은 버릇이 하나 있었는데, 샤프나 볼펜으로 책에 줄을 그으면서 읽는 것이었습니다. 그래서 학창 시절 제 책을 보면 모든 부분에 줄이 그어져 있습니다.

어느 기술 수업 시간이었습니다. 선생님이 움직이며 수업을 진행하다가 제 옆에 오시더니 한참을 서 계셨습니다. 그러다가 제 책을 들어 자세히 보시더니 갑자기 제 머리를 쓰다듬으면서 "내 교직 인생에서 기술 과목을 이렇게 열심히 공부하는 학생은 처음 보았다"라고 말씀하셨습니다. 기술 과목 공부를 열심히 한 것이 아니라 습관 때문에 줄을 그으면서 기술 책을 읽은 것인데, 선생님은 제가 기술 과목 공부를 엄청나게 열심히 한 줄로 착각하신 것이었습니다.

그 후 저는 선생님의 기대에 부응하고 실망시켜 드리지 않기 위해 기술 과목 공부를 진짜 열심히 했습니다. 국어, 영어, 수학 같은 주요 과목보다 기술 과목을 더 열심히 공부한 것 같습니다. 이렇듯 칭찬을 받으면 공부에 대한 동기와 열정이 자연스럽게 생겨납니다.

❉ 칭찬을 받지 않으면 어떻게 될까?

반면에 자녀가 칭찬을 받지 못하고 공부에 대한 잔소리만 듣는다면 어떻게 될까요?

부모와의 갈등

첫째로, 자녀의 내면에 분노가 생겨서 부모와의 관계가 어려워질 수 있습니다. 순종하는 자녀라면 참겠지만, 그렇지 않은 경우 감정이 폭발해서 부모와 갈등하게 됩니다. 학창 시절에는 자신의 감정을 억누르고 꾹 참았다가 대학에 가고 나서 폭발하는 경우도 있습니다.

제가 아는 한 학생은 부모가 엄한 편이어서 학창 시절에는 부모가 하라는 대로 했습니다. 공부를 잘하는 학생이었음에도 불구하고 부모의 기대치가 높아서 부모의 잔소리를 들으며 공부했습니다. 주변에서는 공부 잘하는 착한 자녀가 있어서 얼마나 좋겠냐며 그 학생의 부모를 매우 부러워했습니다.

그런데 문제는 그 학생이 대학에 들어가서 터졌습니다. 그 학생은 좋은 대학, 그것도 남들이 가고 싶어 하는 경영학과에 입학했습니다. 그런데 대학에 들어가서 자유가 주어지자 학창 시절 공부에 대한 부모의 강압적인 태도와 끊임없는 잔소리를 경험하면서 쌓아 두었던 내면의 분노가 폭발해 버렸습니다. 그래서 집에도 잘 들어가지 않고 학창 시절 공부만 하라는 잔소리 때문에 듣지도 못했던 자신이 좋아하는 음악에 빠져 살았습니다. 결국 대학에서 수업을 잘 듣지 않고 공부도 안 해서 학사 경고를 받았습니다. 그러다가 학교를 자퇴하고 음악을 하겠다며 진로를 바꿨는데 생각대로 잘 되지 않았습니다.

공부에 대한 흥미 상실

둘째로, 자녀가 공부에 대한 흥미와 열정을 잃게 될 것이고 공부를 하기 싫은 일로 느끼게 될 것입니다. 인간은 자율성을 보장받을 때 흥미를 느끼는 것이지, 강제하면 흥미를 잃게 되는 것은 당연합니다. 여기서 공부라 하면 예체능 영역에서의 공부도 포함합니다.

저는 어려서부터 축구를 매우 좋아했고 잘했습니다. 밥 먹는 시간 빼고는 축구만 할 정도였습니다. 그런데 제가 처음 입학한 초등학교에는 축구부가 없었습니다. 저는 정말 전문적으로 축구를 하고 싶었습니다. 그래서 부모님께 축구부가 있는 학교로 전학을 보내 달라고 떼를 쓰고 울고불고 난리도 아니었습니다. 제가 하도 조르니까 이웃집 부모님도 저희 어머니에게 "성중이는 축구부에 보내야 된다"고 이야기하기까지 했습니다.

그런데 놀랍게도 제 꿈이 이루어졌습니다. 목회자인 아버지가 다른 교회로 사역지를 옮기시게 되었고, 자연스럽게 전학을 하게 된 것입니다. 그 학교에는 축구부가 있었고, 전국 대회에서 우승도 한 유명한 축구부였습니다. 저는 곧바로 그 학교 축구부에 들어가기 위해 입단 테스트를 했고, 통과해서 축구부에 소속되었습니다. 얼마나 기쁘고 행복했는지 모릅니다.

수업을 마치고 축구부 훈련을 시작했는데, 감독님이 정말 엄격한 분이셨습니다. 기본기가 되는 볼 트래핑, 킥 연습을 수없이 시키셨고 경기를 마치고 나면 어마어마한 잔소리를 쏟아 놓으셨습니다. 그러다 보니 저는 축구부 훈련을 하면 할수록 축구에 대한 흥미와 열정이 떨어졌습니다. 축구를 일로 느끼게 되었고 그만두고 싶은 생각으로 가득 찼습니다. 결국 중학교에 진학하면서 축구를 그만두었습니다.

뿌리 깊은 열등감

셋째로, 자녀 내면에 뿌리 깊은 열등감이 자리 잡을 수 있습니다. 공부에 대한 잔소리를 계속 들으면 '내가 그렇게 문제가 많은가? 내가 그렇게 공부를 못하나?'라고 생각하게 됩니다.

열등감이 무서운 이유는 어른이 되어서도 사라지지 않고 계속 가지고 살게 되기 때문입니다. 그리고 열등감이 자리 잡은 사람은 건강한 자아상을 형성하기가 힘들며 행복감이 낮습니다. 또한 인간관계에 어려움을 겪게 될 수도 있고, 항상 다른 사람의 시선을 의식하게 되며, 다른 사람의 기대치에 맞추려고 노력하다 보니 부자연스러운 삶을 살아가게 될 수도 있습니다.

칭찬의 내용과 방법

그럼 학업의 과정을 힘겹게 걸어가고 있는 우리 자녀를 인정하는 칭찬은 구체적으로 무엇일까요? 저는 칭찬에는 '존재(being)로서의 칭찬'과 '행위(doing)로서의 칭찬'이 있다고 생각합니다.

being으로서의 칭찬

'being으로서의 칭찬'이란 무엇인가를 잘해서 인정하는 것이 아니라 존재 자체를 인정하는 것입니다. 이 칭찬은 하나님이 인간에게 하시는 아가페적 칭찬입니다.

> "너의 하나님 여호와가 너의 가운데에 계시니 그는 구원을 베푸실 전능자이시라 그가 너로 말미암아 기쁨을 이기지 못하시며 너를 잠잠히 사랑하시며 너로 말미암아 즐거이 부르며 기뻐하시리라 하리라"(습 3:17).

너무나도 아름다운 하나님의 말씀입니다. 우리 인간이라는 존재 자체를 보며 기뻐하시고 사랑하시는 분이 바로 우리 하나님이십니다.

> "우리가 아직 죄인 되었을 때에 그리스도께서 우리를 위하여 죽으심으로 하나님께서 우리에 대한 자기의 사랑을 확증하셨느니라"(롬 5:8).

하나님이 제일 싫어하시는 것이 바로 죄인데, 우리가 죄 가운데 있을 때에 하나님은 우리에게 벌을 내리신 것이 아니라 하나밖에 없는 독생자 예수 그리스도를 보내 주시고, 우리의 모든 죄의 값을 치르게 하려고 십자가에서 죽게 하셨습니다. 그럼으로써 하나님이 우리 인간을 얼마나 사랑하는지 그 증거를 보여 주셨습니다. 다음은 우리가 자주 부르는 축복송 가사입니다.

당신은 사랑 받기 위해 태어난 사람 / 당신의 삶 속에서 그 사랑 받고 있지요 / 태초부터 시작된 하나님의 사랑은 / 우리의 만남을 통해 열매를 맺고 / 당신이 이 세상에 존재함으로 인해 / 우리에겐 얼마나 큰 기쁨이 되는지 / 당신은 사랑 받기 위해 태어난 사람 / 지금도 그 사랑 받고 있지요

이 축복송의 가사가 바로 존재를 인정하는 being으로서의 칭찬입니다. 이 땅에서는 우리 부모가 하나님의 사랑을 본받아서 자녀에게 이 칭찬을 할 수 있습니다.

"네가 내 아들이어서 아빠는 참 행복해!"

"딸아! 네가 이 세상에 존재하는 것만으로도 엄마는 너무 행복하단다!"

"이렇게 귀한 딸이 우리 집에 있어 엄마는 너무 기쁘다!"

"아들아! 네가 뭘 잘하든 못하든 상관없이 아빠는 너를 사랑해!"

"엄마, 아빠는 언제나 네 편이다, 알지?"

우리 자녀는 이 같은 being으로서의 칭찬을 많이 받을 때 심리적으로 안정되고, 행복감을 느끼며, 자아존중감을 가지고 열심히 학업에 임할 수 있게 됩니다.

doing으로서의 칭찬

'doing으로서의 칭찬'은 학업의 과정 가운데 우리 자녀가 잘했을 때 하는 칭찬입니다. 이 칭찬의 방법은 추상적이지 않고 구체적이어야 합니다. 예를 들어, 다음의 칭찬은 지양해야 하는 추상적인 칭찬입니다.

"우리 아들(딸), 공부 잘했네. 수고했어."

"우리 딸 성적 잘 받았네. 칭찬해."

"우리 아들은 뭐든지 잘하네. 완벽해."

자녀 입장에서는 이와 같은 칭찬을 받으면 부모가 격려하기 위해 으레 하는 말이라고 생각할 수 있습니다. 이런 칭찬은 자녀의 내면 깊숙이 영향을 주지 못합니다. 자녀를 칭찬할 때는 자녀가 최선을 다한 부분에 대해서, 자신이 세운 목표를 성취한 부분에 있어서, 자신이 잘한 공부의 내용에 관해서, 이전보다 더 나은 발전을 이룬 부분에 대해서 구체적으로 칭찬하는 것이 좋습니다.

"우리 아들은 오늘 수학 문제집 150-160페이지까지 다 풀었네. 문제가 어려웠을 텐데 포기하지 않고 열심히 잘했어."

"우리 딸은 지난 중간고사 때 수학 성적이 60점이었는데, 이번 기말고사에서는 75점으로 올랐네. 수고 많이 했어."

"우리 아들은 오늘 이른 저녁을 먹고 오후 5시부터 방에 들어가서 밤 12시까지 공부를 했네. 무려 7시간이나 공부했어! 대단해."

"우리 딸은 이번 수학 시험에서 2차 방정식 문제를 다 맞혔네. 우리 딸은 2차 방정식을 참 잘하는 것 같아!"

"우리 아들은 이번 영어 시험에서 문법 문제를 다 맞혔네. 우리 아들은 문법 부분이 강점이구나!"

"우리 딸은 어제는 3시간 공부하고 하기 싫다고 말하더니 오늘은 5시간이나 열심히 공부했네. 공부 시간을 점점 늘리는구나. 힘들어도 잘 참는 우리 딸이 참 대견스러워!"

"우리 아들은 이번 시험에서 국어 90점 맞겠다고 결심하더니 91점을 맞았네. 스스로 세운 목표를 이루다니 진심으로 축하해! 잘했어."

이와 같은 구체적인 칭찬이 자녀의 입장에서는 칭찬으로 와 닿고 공부의 동기와 열정이 생기게끔 작용한다는 점을 부모는 기억하고 실천해야 합니다.

칭찬할 때 주의할 점

칭찬할 때 주의해서 하지 말아야 하는 내용이 있습니다.

첫째로, 다른 학생들과 비교하면서 칭찬하는 것입니다. 예를 들면 다음과 같습니다.

"너랑 학원 같이 다니는 그 친구보다 영어 시험 성적이 잘 나오니까 좋지? 그렇게 이기는 경험을 많이 해야 하는 것이란다.

잘했어."

"너희 반에서 네가 수학 시험 성적이 다섯 번째 안에 든다고 하니까 잘한 거야. 축하해."

"너와 경쟁하는 그 친구보다 이번 수능 모의고사 성적이 잘 나왔으니 네가 그 친구를 이긴 거네. 잘했어."

둘째로, 자녀가 공부를 잘해서 부모의 자존심을 세워 주었다느니, 부모의 어깨가 올라갔다느니, 부모로서 보람되다는 등 부모가 좋다는 식의 칭찬은 지양해야 합니다.

"이번에 수학 시험 성적이 오른 것을 보니까 아빠가 학원 보내는 보람이 있어 좋다. 아빠가 힘들게 번 돈으로 학원 보내는데 그 정도는 해 줘야 아빠가 기쁘지. 잘했어."

"우리 반 친한 엄마들끼리 모이는 모임이 있는데 그 엄마들의 자녀보다 네가 이번 시험에서 제일 좋은 점수가 나와서 엄마가 얼마나 기분이 좋은지 몰라."

"공부 잘하는 우리 아들을 보니 엄마, 아빠가 살맛이 난다. 공부 잘하는 것이 효도야. 그런 면에서 너는 효자란다."

"아빠 직장 동료들과 자녀 성적 이야기를 하면 우리 딸이 성적이 제일 좋은 것 같아. 그래서 아빠가 너 자랑을 얼마나 많이 하는데. 네가 공부를 잘해서 아빠가 동료들 사이에서 어깨가 올라간다."

이런 칭찬을 자꾸 하면 순종형 자녀의 경우 부모의 기분을 좋게 하는 것이 공부의 동기가 되어 버릴 수 있습니다. 반면에 어떤 자녀는 '내가 공부를 잘하는 것이 부모를 위한 것인가?'

라는 생각을 하게 되면서 부모에 대한 반발심이 생길 수 있습니다.

셋째로, 엄마, 아빠를 닮아서 공부를 잘한다느니, 태어날 때부터 머리가 좋아서 공부를 잘한다는 등 다음과 같은 칭찬은 지양해야 합니다. 그것이 사실이더라도 아이의 학습 집중도를 높이는 데는 큰 도움이 되지 않는 칭찬입니다.

"역시 우리 아들은 아빠를 닮아서 수학을 잘해. 아빠는 어릴 때부터 수학 천재라는 말을 많이 들었어."

"우리 딸은 엄마를 닮아서 영어를 참 잘해. 너는 엄마의 좋은 머리를 물려받아서 어학을 잘할 수밖에 없어. 더 열심히 하렴. 화이팅!"

올바른 칭찬을 통해 우리 자녀가 건강한 자아존중감을 가지고 안정적인 심리 상태를 유지하고 학업에 임할 수 있도록 도와주는 부모가 되기를 소망합니다.

❖ 성찰과 결심

1. 자녀에게 칭찬을 주로 언제, 어디서, 어떤 방식으로 하고 있습니까?

_____

_____

2. 자녀에게 칭찬을 잘 하지 않는다면 그 이유는 무엇이라고 생각합니까?

_____

_____

3. 그동안 자녀에게 칭찬을 해 왔지만 자녀의 학업에 도움이 되지 않았던 칭찬은 무엇입니까?

_____

_____

4. 자녀에게 'being으로서의 칭찬'을 하기 위한 구체적인 결심은 무엇입니까?

_____

_____

5. 자녀에게 'doing으로서의 칭찬'을 하기 위한 구체적인 결심은 무엇입니까?

_____

_____

거룩한 쉼,
좋은 휴식이 필요하다

✤ 자녀들도 쉬어야 한다

인간은 기계가 아닙니다. 쉼 없이 계속 학교 다니고, 학원 가고, 과외 받고, 독서실 다니고, 스터디 카페에 가서 공부만 할 수는 없습니다. 사막에 오아시스가 필요하듯이 우리 자녀에게는 쉼이 필요합니다. 자녀는 일상적인 삶 속에서 쉼을 필요로 합니다. 다람쥐 쳇바퀴 돌듯 똑같이 반복되는 삶에서 자신을 새롭게 해 줄 수 있는 좋은 휴식을 경험해야 합니다.

우리 부모는 자녀에게 거룩한 쉼, 좋은 휴식을 제공해 줄 책임이 있습니다. 우리 자녀는 거룩한 쉼, 좋은 휴식을 통해 회복함으로 학업을 즐겁게 감당해 나갈 수 있습니다. 중요한 점은 우리 자녀에게 무엇이 거룩한 쉼인지, 좋은 휴식인지를 부모가 정확히 알고 있어야 한다는 것입니다. 그리고 부모인 우리가 먼저 거룩한 쉼과 좋은 휴식을 일상의 삶 속에서 지속적으로 경험해야 합니다.

✖ 예배가 거룩한 쉼이다

하나님도 쉬셨다

학업을 감당하는 우리 자녀에게는 거룩한 쉼, 거룩한 안식이 필요합니다. 자녀의 일주일간 삶의 현실은 월요일, 화요일, 수요일, 목요일, 금요일, 금요일, 금요일입니다. 일주일 내내 공부하면서 시간을 보내는 것입니다. 입시 위주인 우리나라 학업의 문화는 이해하지만 거룩한 쉼은 매우 필요합니다. 하나님은 6일 동안 세상을 창조하시고 일곱째 날 쉬셨습니다. 우리가 믿는 하나님도 창세기에서 세상을 창조하시고 쉬셨으니 우리도 쉬어야 합니다.

"천지와 만물이 다 이루어지니라 하나님이 그가 하시던 일을 일곱째 날에 마치시니 그가 하시던 모든 일을 그치고 일곱째 날에 안식하시니라 하나님이 그 일곱째 날을 복되게 하사 거룩하게 하셨으니 이는 하나님이 그 창조하시며 만드시던 모든 일을 마치고 그날에 안식하셨음이니라"(창 2:1-3).

하나님은 세상을 다 창조하신 후 보시기에 좋아하셨고 일곱째 날에 안식하셨습니다. 이날을 기념하는 날이 바로 안식일입니다. 하나님은 십계명 중 제4계명에서 안식일을 지킬 것을 우리에게 말씀하십니다.

> "안식일을 기억하여 거룩하게 지키라 엿새 동안은 힘써 네 모든 일을 행할 것이나 일곱째 날은 네 하나님 여호와의 안식일인즉 너나 네 아들이나 네 딸이나 네 남종이나 네 여종이나 네 가축이나 네 문안에 머무는 객이라도 아무 일도 하지 말라 이는 엿새 동안에 나 여호와가 하늘과 땅과 바다와 그 가운데 모든 것을 만들고 일곱째 날에 쉬었음이라 그러므로 나 여호와가 안식일을 복되게 하여 그날을 거룩하게 하였느니라"(출 20:8-11).

안식일을 기억하는 것은 하나님이 우리를 하나님의 형상대로 창조해 주신 놀라운 은혜와 우리를 위해 온 세상 만물을 아름답게 창조하신 것에 감격하고 감사하고 찬양하는 것입니다. 하나님은 온 세상 만물을 창조하시고 쉬시면서 그날을 거룩하게 하셨습니다. 그래서 쉼과 거룩은 연결됩니다.

우리는 흔히 쉼에 대해 생각할 때 내가 하고 싶은 일을 마음껏 하는 것이라고 착각합니다. 우리 자녀의 입장에서는 마음껏 유튜브를 보고 원하는 대로 온라인 게임을 하는 것을 쉼이라고 생각합니다. 우리 어른의 입장에서는 하루 종일 잠을 자거나 텔레비전을 보는 것을 쉼이라고 생각합니다.

하지만 진정한 쉼은 거룩으로 연결되어야 합니다. 거룩한 쉼의 방법과 내용이 바로 예배입니다. 예배를 통해 하나님을 만나면서 참된 안식을 누리는 것입니다. 마태복음 11장 29절에서 예수님은 이렇게 말씀하십니다.

"나는 마음이 온유하고 겸손하니 나의 멍에를 메고 내게 배우라 그리하면 너희 마음이 쉼을 얻으리니" (마 11:29).

주일은 주님의 날

이스라엘 사람들이 지키던 안식일은 토요일이지만 지금 우리는 주일을 안식일로 지키고 있습니다. '주일'이란 '주님의 날'을 뜻합니다. 조금 더 정확히 말하면 '주님이 부활하신 날'입니다. 예수님이 부활하신 날이 일요일이기 때문에 그날을 주님의 날, 주일로 지키고 주일에 교회에서 공예배를 드리는 것입니다.

우리는 죄인으로서 완전한 의이신 하나님께 도저히 갈 수 없습니다. 우리가 태양 옆에 가면 타 죽는 것과 마찬가지입니다. 하나님과 우리 인간은 차원이 완전히 다르기 때문에 죄인인 우리는 절대로 하나님께 갈 수가 없습니다. 그래서 구약 시대에는 대제사장만이 1년에 한 번 하나님께 나아가려고 지성소에 들어갔습니다.

그런데 예수님이 우리의 모든 죄의 값을 치르기 위해 십자가에서 돌아가시고 사흘 만에 부활하심으로 말미암아 우리가 의인이 되었다는 사실이 증명되었습니다. 예수님의 의로 인해 우리가 완전한 의이신 하나님께 갈 수 있게 된 것입니다. 그래서 하나님과 직접 만나는 예배가 가능하게 된 것입니다. 예수님으로 인해 진정한 예배가 이루어지게 되었습니다.

주일을 안식일로 지킴으로써 하나님의 창조의 은혜를 생각하고 감사하게 될 뿐만 아니라 예수님의 구원의 은혜도 생각하고 감사하게 되기 때문에 주일은 하나님의 창조와 구원 사역을 기념하는 가장 완전한 날이 될 수 있습니다. 이런 이유로 기독교 신앙에서는 예배를 통해 주일을 거룩하게 지내는 주일성수를 매우 중요시하는 것입니다.

세계적인 육상선수였던 에릭 리들(Eric Liddell)의 이야기를 설교 시간에 한 번쯤은 들어 보았을 것입니다. 그는 스코틀랜드 출신의 영국 육상선수 대표로 1924년 제8회 파리 올림픽 100m 부문 금메달 후보였습니다. 그러나 100m 예선 경기 일정이 주일로 정해지자 리들은 주일에는 뛰지 않겠다고 경기 본부에 통보했습니다. 왜냐하면 예배를 드리며 거룩하게 지내는 주일성수를 위해서였습니다. 리들이 출전을 포기한다는 소식을 듣고 사람들은 그를 향해 편협한 신앙인이요 조국의 명예를 버린 자라고 비난했습니다.

리들은 100m 예선 경기가 있던 날 한 교회에서 주일예배를 드리고 간증을 했습니다. 하나님은 주일성수를 목숨처럼 지키는 리들을 보고 감동을 받으셨고 그를 놀라운 방법으로 도와주셨습니다. 리들은 자신의 주 종목이 아닌 400m 경기에 출전해 세계 기록을 가진 우승 후보들을 제치고 47초 6이라는 당시 세계 신기록을 세우며 금메달을 목에 걸었습니다. 리들은 "처음 200m는 내 힘으로 뛰었고, 나머지 200m는 하나님의 도우심으로 뛸 수 있었다"라고 고백했습니다.

리들은 율법으로 주일예배를 드린 것이 아닙니다. 그는 하나님을 뜨겁게 사랑하고, 하나님을 만나는 예배가 가장 행복하고, 자신의 인생에서 가장 소중한 시간이기 때문에 주일예배를 드렸던 것입니다.

이처럼 리들은 국가 대표로서 모든 운동선수의 꿈의 무대인 올림픽 경기를 포기하고 예배를 드렸는데, 오늘 우리는 주일에 학원 수업이냐, 예배냐를 두고 갈등하고 있습니다. 예배를 선택하고 예배를 열심히 드리면서 참된 안식을 누리고 하나님을 기쁘시게 하는 자녀로 키워야 합니다.

제가 청소년 사역을 하면서 제일 안타까운 상황이 있습니다. 학생은 주일에 교회에 나와서 예배드리고 싶어 하는데 부모님이 반대해서 학원에 가는 상황입니다. 그런데 놀라운 것은 그 부모님이 교회 중직자인 경우가 꽤 있다는 것입니다. 그래도 양심 있는 기독 학부모는 자녀의 중·고등부 예배는 학원 시간과 겹쳐서 못 드리게 하지만 아침 일찍 드리는 1부 예배는 출석하고 끝나자마자 학원으로 직행하게 합니다.

주일에 학원에 보낼 수밖에 없는 상황을 이해하지 못하는 바는 아닙니다. 그럼에도 기독 학부모는 하나님이 기뻐하시는 예배에 우선순위를 두고 우리 자녀가 청소년부 공예배는 매주 빠지지 않고 드리도록 해야 합니다.

✽ 수련회에 보내야 한다

수련회도 마찬가지입니다. 수련회의 핵심은 저녁 집회이고, 저녁 집회는 뜨거운 예배입니다. 그래서 수련회 저녁 집회 때 자녀가 하나님을 뜨겁게 만나고, 변화가 일어나고, 하나님의 꿈을 발견하게 됩니다. 수련회에서 하나님을 뜨겁게 만난 자녀는 수련회를 마치고 나서 하나님의 꿈이 공부의 동기가 되어 더욱 열심히 공부하게 됩니다. 그런데도 자녀를 수련회에 보내지 않는 기독 학부모들이 많습니다. 자녀는 수련회에 가고 싶은데 학원을 빠지면 안 된다고, 공부 사이클이 깨진다고 보내지 않는 경우가 너무 많습니다.

청소년 수련회를 인도하다 보면 진풍경이 벌어지기도 합니다. 오전, 오후에는 수련회에 안 보내고 저녁 집회만 참여하게 하려고 부모가 자녀를 데리고 수련회장을 왔다 갔다 하는 것입니다. 과감하게 수련회를 선택하는 믿음의 부모가 되시기를 간절히 소망합니다.

수련회에서 발견한 하나님의 꿈

저희 부모님께 감사한 것은 제가 청소년 시절에 모든 수련회에 다 참석할 수 있도록 해 주신 것입니다. 저는 중학교 2학년 때부터 신앙의 방황, 내면의 방황이 찾아왔습니다. 2년 넘도록 힘든 시간을 보내다가 고등학교 1학년 때 전국청소년연합수련회에서 하나님을 뜨겁게 만났습니다. 그 수련회도 제가 하나님을 만나겠다고 스스로 찾아간 것이었습니다.

제가 고등학생 때는 전국에 청소년연합수련회가 많이 있었습니다. 당시 저희 집은 기독교 신문을 구독하고 있었는데, 어느 날 기독교 신문에서 전국청소년연합수련회가 있다는 광고를 보게 되었습니다. 저는 그 수련회에 너무나 가고 싶다는 생각이 들었습니다. 그래서 수련회 주최 측에 제가 직접 전화를 해서 참가 신청을 하고 참석했습니다.

사실 부모님은 제가 참석하지 못하도록 반대하실 수도 있었습니다. 교회 수련회를 따라가면 될 것을 또 다른 수련회에 혼자 가겠다고 했을 때 말리실 수도 있었습니다. 그 시간에 공부하라고 못 가게 막으실 수도 있었습니다. 왜냐하면 수련회에 참석하려면 회비를 내야 했기 때문입니다. 그런데 부모님은 제 의견을 존중해 주어 수련회 회비를 내 주셨고 수련회에 참석할 수 있도록 해 주셨습니다.

그리고 저는 하나님의 은혜로 그 수련회 마지막 날 저녁 집회에서 하나님을 인격적으로 뜨겁게 만났습니다. 그 수련회를 통해 저는 하나님의 꿈을 발견했습니다. 나만 잘 먹고 잘 사는 개인적인 꿈이 아니라 하나님 사랑, 이웃 사랑을 실천하는 하나님의 꿈을 가지게 되었습니다.

원래 저는 굉장히 성공 지향적인 사람이었습니다. 초등학교 6학년 때부터 하나님을 만난 고등학교 1학년 때까지 제 꿈은 법조인이 되어 일하다가 정치를 해서 유명해지고 성공하는 것이었습니다. 제 목표는 당연히 서울대학교에 진학하는 것이었습니다. 내신 성적이 뛰어났기 때문에 가능한 목표였습니다.

그런데 하나님을 만난 후 지금껏 제가 꾼 꿈이 순전히 제 개인적인 욕망을 채우기 위한 이기적인 꿈이었음을 깨달았습니다. 놀랍게도, 그때까지 제가 붙들었던 개인적인 꿈을 과감하게 내려놓고 하나님의 꿈을 꾸게 되었습니다. 하나님의 꿈을 꾸니까 가슴이 벅차오르고 마음이 평안하고 행복했습니다. 저는 저처럼 신앙의 방황을 하거나 예수님을 모르고 힘들어하는 청소년들에게 예수님을 전해서 그들의 영혼의 생명을 살리겠다는 꿈을 가지게 되었습니다.

하나님을 뜨겁게 만나고 나서 제가 이런 기도를 드렸던 기억이 어렴풋이 납니다. 저도 전국청소년연합수련회에서 말씀을 전하는 목사님과 같은 사람이 되게 해 달라고 말입니다. 하나님은 제 꿈을 들어주셨고, 지금 저는 청소년 수련회, 청소년 집회에서 수많은 청소년에게 하나님의 말씀을 전하는 사역을 감당하고 있습니다.

제가 수련회를 마치고 집에 돌아와서 일어난 변화 중에 하나는 더욱 열심히 공부하게 되었다는 것입니다. 하나님의 꿈이 동기가 되어 거룩한 부담감이 생기니까 공부에 더 매진하게 되었습니다. 하나님의 꿈이니까 반드시 이루어야 한다는 사명감이 생겨서 수련회를 마치자마자 집에 와서 독서실을 등록하고 엄청나게 열심히 공부했던 기억이 납니다.

저는 고등학교 3학년 여름방학 때도 3박 4일간 진행된 수련회에 전부 참석했습니다. 지금 입시도 힘들지만 당시 입시도 힘들었습니다. 대학 입학 정원보다 지원 학생 수가 많아 상대적으로 훨씬 힘들었습니다. 그래서 제가 고등학생 때에도 고등학교 3학년은 수련회에 빠지는 것이 당연했고, 주일예배에도 나오지 않는 학생들이 많았습니다.

그런데 저는 3박 4일간의 수련회에 전부 참석했습니다. 후배 학생들이 신기하다는 듯이 저를 쳐다보았고, 마지막 날에는 고등학교 3학년이 수련회에 끝까지 참석했다고 목사님이 저를 일으켜 세우셨고, 수련회에 참석한 후배 학생들이 저를 향해 열심히 축복송을 불러 주기도 했습니다. 고등학교 3학년 여름 수련회 가운데서도 하나님은 저에게 큰 은혜를 베풀어 주셨고, 제가 꿈꾸던 하나님의 꿈에 대한 확신을 강력하게 주셨습니다.

수련회를 마치고 개학해서 고등학교 3학년 2학기가 시작되었습니다. 저는 연세대학교 조기특차전형에 지원했습니다. 연세대학교는 호레이스 언더우드(Horace Underwood) 선교사님이 세우신 기독교 학교이고 목회자가 되기 위해 신학을 공부할 수 있는 학교이기 때문에 하나님이 저에게 연세대학교에 대한 마음을 강력하게 주셨습니다.

사실 제 성적으로는 서울대학교에 들어갈 수 있었습니다. 따라서 제가 연세대학교에 지원했을 때 교장 선생님과 담임 선생님이 다 말리셨고 저희 부모님을 통해 설득하려고 부모님께 전화하기까지 하셨습니다. 그러나 저는 하나님이 주신 마음으로 연세대학교 조기특차전형에 지원해서 신과대학 수석으로 합격했습니다. 조기특차전형에 합격함으로 인해 방학 때 수련회 등

에 참석하지 않고 공부에만 매진한 또래 학생들보다 일찍 대학
에 들어갈 수 있었습니다.

청소년 수련회의 핵심은 뜨거운 예배입니다. 하나님의 살아
계심을 확실히 믿는다면 뜨거운 예배에서 하나님과의 만남을
통해 영적인 쉼을 얻고 하나님의 뜻을 발견할 수 있도록 우리
자녀에게 수련회에 참여할 기회를 주는 부모가 되어야 합니다.

❈ 쉼을 주는 가정 예배를 드리자

우리 자녀의 하루 일과는 매우 바쁩니다. 아침에 일어나고,
학교에 가서 공부하고, 학교 마치고 나서는 학원에 가서 공부하
고, 과외를 받으면서 공부하고, 그리고 독서실에 가서 공부하다
보면 밤이 됩니다. 집에 오면 쓰러져서 잠을 자고, 또 아침이 되
면 똑같은 학업의 일상을 반복하게 됩니다.

이러한 삶 가운데 우리 자녀는 지치기도 하고, 힘들기도 하
고, 매너리즘에 빠지기도 하고, 의욕을 잃어버리기도 합니다. 따
라서 우리 부모는 자녀와 함께할 수 있는 짧은 시간을 내어서
가정 예배를 드리는 노력을 해야 합니다. 가정 예배가 학업에
지친 자녀에게 오아시스의 역할을 할 수 있어야 합니다.

가정 예배 시간은 10분이면 됩니다. 한 달에 한 번 2시간 동
안 가정 예배를 드리는 것과 매일 꾸준히 하루에 10분 동안 가
정 예배를 드리는 것 중에서 어떤 것이 더 바람직할까요? 한 달

에 한 번 가정 예배를 드리는 것은 이벤트가 됩니다. 그러나 매일 꾸준히 하루에 10분 동안 가정 예배를 드리는 것은 교육이 되고 거룩한 습관이 됩니다.

자녀와 함께 예배드리는 시간은 가정마다 다를 것입니다. 예를 들어, 자녀가 학교와 학원을 마치고 저녁을 먹으러 집에 들어오는데, 저녁 먹는 시간이 잠시 여유를 가질 수 있는 시간이라면 그 시간을 할애해서 가정 예배를 드리면 됩니다. 어떤 자녀는 학교와 학원을 다 마치고 밤에 들어와서야 시간적 여유를 가질 수 있다면 그 시간에 자녀와 함께 가정 예배를 드릴 수 있습니다.

가정 예배 시간이 영적인 쉼의 시간이 되기 위해서는 분위기를 좋게 이끌어야 합니다. 자칫 잘못하면 가정 예배 시간이 형식적인 시간이 될 수도 있고, 지겨운 시간이 될 수도 있고, 자녀 입장에서는 잔소리를 듣는 시간이 될 수도 있기 때문입니다. 그렇기에 가정 예배 시간이 분위기 좋은 시간이 될 수 있도록 부모가 노력해야 합니다. 이를 위해서는 가정 예배를 시작할 때 자녀를 위로하고 격려하고 축복하는 시간을 가지는 것이 좋습니다.

"오늘도 학교에서 공부하느라 정말 수고 많았어."

"하루 종일 공부하느라 고생 많이 했지? 힘내!"

"오늘도 최선을 다한 너를 진심으로 위로하고 축복해!"

이러한 위로와 격려와 축복의 말을 한 후에는 축복송을 함께 부릅니다. 그리고 요일별로 예배의 순서를 하나씩만 합니다. 예를 들면 다음과 같습니다.

- **주일** 　주기철, 손양원 목사님과 같은 위대한 신앙인들의
　　　　삶이 담긴 임팩트 있는 유튜브 영상을 함께 시청한다.
- **월요일** 찬송가를 정하고, 찬송가 가사를 묵상하고,
　　　　함께 찬송가를 부르면서 하나님을 찬양한다.
- **화요일** 성경 한두 장을 가족이 돌아가면서 함께 읽는다.
- **수요일** 가족 구성원이 서로의 기도 제목을 나누고 함께
　　　　기도한다.
- **목요일** 성경 암송 카드를 읽고 성경 구절을 암송한다.
- **금요일** 세계, 국가, 교회, 선교지 등을 위해 중보 기도한다.
- **토요일** 한 주간의 삶 가운데서 하나님께 감사한 내용을
　　　　나눈다.

우리 자녀가 가정 예배 시간을 통해 하나님의 은혜를 경험하며 영적인 쉼을 얻고 부모와 친밀함을 경험하는 시간으로 만들기 위해 노력해야 합니다.

자녀에게 기도해 주는 습관을 들이자

하나님은 우리 부모에게 자녀를 위해 기도할 수 있는 특권을 허락해 주셨습니다. 창세기에는 이삭이 야곱에게 축복기도를 하고, 야곱이 요셉의 아들 므낫세와 에브라임에게 축복기도를 하는 장면이 나옵니다. 이처럼 부모에게는 자녀와 손주를 위해 기도할 수 있는 특권이 있습니다. 우리도 매일 자녀에게 기도해 주는 습관을 가지면 좋습니다.

목회자이신 저희 아버지는 어릴 때부터 매일 밤 자기 전에 저를 위해 기도해 주셨습니다. 그리고 시험 보러 가기 전에도 항상 저를 위해 기도해 주셨습니다. 아버지의 기도를 본받아서 저도 매일 밤 제 딸을 위해 기도해 주고 있습니다. 시험 보러 갈 때는 항상 딸의 머리에 손을 얹어서 기도해 주고 있습니다.

기도는 우리가 자녀에게 남겨야 하는 유산입니다. 매일 자녀에게 기도해 주는 습관을 가지면 좋겠습니다. 아침에 자녀가 학교에 갈 때는 엄마가 기도하고, 밤에 자녀가 잠자기 전에는 아빠가 기도할 수 있습니다. 엄마, 아빠가 자신을 위해 기도해 준다는 것을 아는 자녀는 심리적으로 안정감을 가질 수 있고, 부모를 더욱 신뢰하게 되고, 무엇보다도 하나님이 부모의 기도 제목을 들어주셔서 우리 자녀가 잘될 것입니다.

✖ 부모와 자녀가 함께 쉼을 누리자

때로 자녀에게는 부모와 함께 쉼을 누리는 시간이 필요합니다. 대표적인 시간이 바로 자녀와의 외식입니다. 우리 자녀는 매일 학교에서 밥을 먹고 학원 시간에 맞추느라 정신없이 식사를 하는 경우가 대부분입니다. 따라서 자녀가 원하는 메뉴를 선정해 천천히 식사하는 외식의 시간이 필요합니다.

제가 주일에 대치동에 있는 한 교회에 오후 예배 설교를 하러 간 적이 있습니다. 지하철로 이동해서 대치역에서 내려 걸어가는데 엄청나게 많은 학생이 우르르 이동하고 뛰어다니는 광경을 보았습니다. 그곳은 바로 유명한 대치동 학원 1번가였습니다.

주일인데도 정말 많은 학생이 있었는데, 그때가 점심시간인 오후 1시쯤이었던 것으로 기억합니다. 학생들이 분주하게 이동해서는 분식집이나 컵밥집, 편의점 등으로 뛰어 들어가는 모습을 보았습니다. 조금 늦은 학생들은 줄을 서고 있었습니다. 학생들 대부분은 빨리 점심을 먹을 수 있는 곳에 가서 때우기식으로 밥을 먹고 다음 강의를 들으러 학원으로 다시 뛰어가야 했습니다. 너무나 안쓰러워 보였습니다.

그래서 일주일에 한 번쯤은 자녀가 원하는 메뉴로 부모와 함께 천천히 외식하는 시간을 가지면서 쉼을 누려야 합니다. 맛있는 음식을 먹으면서 대화를 나누면 부모와 자녀 사이의 관계가 좋아질 수 있고 자녀는 잠시나마 스트레스를 풀고 쉼의 시간을 가질 수 있습니다.

방학 기간에는 짧게라도 자녀와 여행을 다녀오는 것이 좋습니다. 사춘기 자녀는 부모와 함께 여행 가는 것을 싫어할 것이라고 생각하기 쉽지만, 자녀에게 맞춰 주는 여행을 하면 좋아합니다. 장소를 자녀가 놀러 가고 싶은 곳으로 정하고, 숙소도 자녀가 원하는 곳으로 정하면 의외로 좋아합니다. 여행을 하면 마음 문이 쉽게 열리므로 서로 깊은 대화를 나눌 수 있고, 그러다 보면 부모와 자녀의 관계가 좋아질 수 있습니다.

저는 심지어 고등학교 3학년 여름방학 때 아버지와 함께 거제도로 3박 4일 동안 여행을 다녀왔습니다. 그해 여름방학 때 3박 4일 수련회를 다녀온 후 아버지와 함께 3박 4일 여행도 다녀온 것입니다. 그때 거제도 바닷가에 앉아서 들었던 파도 소리가 아직도 귀에 생생히 울리는 듯합니다. 성인이 되어 아버지와 갈등 상황이 발생하려 했을 때에도 그때 아버지와 둘이 함께 여행 갔던 추억을 떠올리면 바로 관계가 회복되었습니다.

쉼은 공부의 시간을 빼앗는 낭비의 시간이 아니라 더 크게 도약할 수 있도록 에너지를 받는 시간이기 때문에 부모는 우리 자녀가 쉼의 시간을 꼭 가질 수 있도록 도와주어야 합니다.

✖ 자녀의 취미 활동 시간을 허락하자

우리는 모두 취미가 있습니다. 취미는 우리 삶을 풍요롭게 하고 쉼을 제공합니다. 우리 자녀에게도 좋아하는 취미가 있습니다. 초등학생 때는 다양한 취미를 접하고 활동하지만 중학생이 되고 고등학생이 되면 점점 취미 활동을 할 시간이 없어지고 공부에 전념하게 됩니다.

그러나 중학생이 되어도, 고등학생이 되어도 취미 활동을 할 시간은 필요합니다. 취미 활동이 우리 자녀에게 삶의 활력을 주고 쉼을 줄 수 있습니다. 그러다가 취미가 진로로 연결되는 경우도 있습니다.

제 제자는 중학교 때 취미가 카메라로 영상을 찍고 편집하는 것이었습니다. 그래서 교회에서도 방송팀으로 봉사했습니다. 그런데 그 취미가 진로가 되어서 방송 PD로 활동하다가 지금은 방송 회사를 설립해서 대표로 있습니다. 요즘 최고의 인기 중에 하나가 e스포츠인데, e스포츠 선수들도 학창 시절 취미로 게임을 하다가 잘해서 선수가 된 경우가 많습니다. 게임 하나 잘했는데 아시안 게임에서 금메달을 따서 국위 선양하는 모습도 우리가 보게 됩니다.

이 같은 다양한 이유로 부모는 우리 자녀가 취미 활동을 할 시간을 쉼의 시간으로 허락할 필요가 있습니다. 당연히 학업 시간이 절대적으로 필요하기에 취미 활동 시간을 마냥 줄 수는 없고, 다만 쉼의 시간으로 허용해 줄 수 있습니다. 그리고 어느 정도 공부하면 취미 활동을 할 수 있는 시간 얼마를 주겠다는, 일종의 당근책으로 제시할 수도 있습니다.

저는 고등학생 때 취미가 피아노를 치는 것이었습니다. 초등학생 때 피아노를 배웠고, 중학생 때는 피아노가 재미없어 치지 않았는데, 고등학생이 되니까 다시 피아노가 치고 싶어졌습니다. 그래서 초등학생 때 배운 가락으로 고등학생 때 다시 독학으로 피아노를 치기 시작했고 교회 중·고등부 예배 때 찬양팀 반주로 봉사하기도 했습니다. 저에게 피아노를 치는 시간은 쉼의 시간이었고 공부 스트레스를 해소하는 시간이었습니다.

취미 생활이 공부를 방해할 만큼이 되어서는 안 되겠지만, 적절한 취미 생활은 공부할 수 있는 에너지를 받는 쉼의 시간이 될 수 있다는 점을 부모는 기억해야 합니다.

어쩌다 학부모

�֍ 성찰과 결심

1. 부모인 나는 하나님께 드리는 예배를 얼마나 소중히 여기고 있고,
   어떤 예배자로 살고 있습니까?

   _____

   _____

2. 자녀가 예배를 잘 드릴 수 있도록 어떤 노력을 하고 있습니까?

   _____

   _____

3. 자녀가 수련회에 잘 참여할 수 있도록 도와주고 있습니까?

   _____

   _____

4. 가정 예배를 꾸준히 드리기 위한 구체적인 결심은 무엇입니까?

   _____

   _____

5. 자녀에게 부모와 함께하는 쉼을 어떻게 제공하고 있으며, 자녀가
   취미 생활을 얼마만큼 누리게 하고 있습니까?

   _____

   _____

기도하는 학부모의
자녀가 승리한다

기독 학부모인 우리는 자녀를 위해서 눈물로 기도해야 합니다. 제가 대학생 때 만난 존경하는 교수님은 은퇴 전 마지막 강의 때 제자인 저희에게 이렇게 말씀하셨습니다.

"여러분! 기도해야 해. 사람은 기도한 만큼 되는 거야."

맞습니다. 우리 자녀는 기도한 만큼 되는 것입니다. 저는 여기에 덧붙여 이렇게 말씀드리고 싶습니다.

"부모는 기도해야 합니다. 자녀는 부모가 자녀를 위해 기도한 만큼 되는 것입니다."

하나님이 자녀를 위해 눈물로 씨를 뿌리는 부모의 모습을 기쁘게 보시고 우리 자녀를 하나님이 기뻐하시는 선한 길로 인도해 주실 것입니다. 우리 자녀를 위해 기도할 내용이 참으로 많습니다.

어쩌다 학부모

❋ 자녀를 위한 기도 제목

1. 자녀가 진정으로 하나님을 경외할 수 있도록 기도해야 합니다. 잠언 9장 10절을 보면, "여호와를 경외하는 것이 지혜의 근본이요 거룩하신 자를 아는 것이 명철이니라"라고 나옵니다. 하나님을 경외하는 것이 지혜의 근본임을 믿으며, 하나님을 뜨겁게 사랑하고, 하나님을 존경하고, 하나님을 경외하는 자녀가 될 수 있도록 기도해야 합니다.

2. 자녀가 하나님의 꿈을 꾸고 그 꿈을 준비하기 위해 열심히 공부할 수 있도록 기도해야 합니다. 우리 자녀가 자신의 이기적인 만족과 욕심을 채우는 꿈을 꾸는 것이 아니라 하나님을 사랑하고 이웃을 사랑하는 꿈, 생명을 살리는 꿈, 세상의 빛과 소금으로 살아가며 선한 영향력을 발휘하는 꿈을 꿀 수 있도록 기도해야 합니다.

3. 자녀가 하나님의 지혜를 받고 집중해서 공부할 수 있도록 기도해야 합니다. 야고보서 1장 5절에 하나님이 "너희 중에 누구든지 지혜가 부족하거든 모든 사람에게 후히 주시고 꾸짖지 아니하시는 하나님께 구하라 그리하면 주시리라"라고 약속하신 말씀이 나옵니다. 전능하신 하나님의 약속의 말씀을 붙들고 우리 자녀가 하나님의 지혜를 받고 집중해서 공부할 수 있도록 기도해야 합니다.

4. 자녀에게 전인적인 건강을 허락해 달라고 기도해야 합니다. 하나님이 우리 자녀의 영적, 정신적, 육체적 건강을 허락해 주셔야만 자녀가 최선을 다해 공부할 수 있습니다. 요한삼서 1장 2절에는 "사랑하는 자여 네 영혼이 잘됨같이 네가 범사에 잘되고 강건하기를 내가 간구하노라"라고 나옵니다. 하나님의 말씀을 의지하며 우리 자녀의 영, 혼, 육의 건강을 위해 간구해야 합니다.

5. 자녀가 노력한 만큼의 결과가 나올 수 있도록 기도해야 합니다. 하나님이 기뻐하시는 것은 바로 정직입니다. 노력한 만큼의 결과가 나오는 것이 정직이고, 이것이 기독교에서 말하는 복입니다. 갈라디아서 6장 7절을 보면 "스스로 속이지 말라 하나님은 업신여김을 받지 아니하시나니 사람이 무엇으로 심든지 그대로 거두리라"라고 나옵니다.

저는 청소년 사역을 할 때 수능 당일에 수능 기도회를 인도한 적이 많습니다. 한자리에 모여 시험 1교시부터 마지막 교시까지 합심해서 통성으로 열심히 기도합니다. 저도 열심히 기도하고 부모님들도 열심히 기도합니다. 통성으로 기도하다 보니 안 들으려고 해도 부모님들이 기도하는 내용이 들릴 때가 있습니다. 기도 내용을 들으며 깜짝 놀랄 때가 있습니다. "하나님! 우리 자녀 수능 대박 나게 해 주시옵소서", "하나님! 우리 자녀가 잘 몰라서 찍은 것도 다 맞게 하여 주시옵소서", "하나님! 우리 자녀가 공부한

어쩌다 학부모

것만 나오게 해 주시옵소서." 이런 기도의 내용을 들으면 부모가 자녀를 얼마나 생각하고 사랑하는지 그 마음을 이해할 수 있습니다. 하지만 이 기도의 내용을 냉철하게 살펴보면 사실 이기적인 기도요, 정직에 위배된 기도입니다. 하나님이 기뻐하시는 정직의 기도의 예를 들어 보겠습니다. "하나님! 우리 자녀가 열심히 공부했습니다. 공부한 만큼의 결과가 나오게 해 주세요", "하나님! 우리 자녀가 시험에서 실수하지 않게 해 주세요" 등과 같은 기도입니다. 실수는 아는 것을 틀리는 것이기 때문에 억울하지 않습니까? 그래서 자녀가 시험에서 실수하지 않게 해 달라는 기도는 아는 만큼 결과가 나오게 해 달라는 기도이기에 정직의 기도라고 할 수 있습니다.

6. 자녀가 학업의 과정 가운데 힘들고 지쳐서 중간에 포기하지 않게 해 주시고 끝까지 최선을 다할 수 있도록 인내와 끈기를 허락해 달라고 기도해야 합니다. 학업의 과정은 단거리 100m 달리기가 아니라 마라톤 경주입니다. 그래서 힘든 것입니다.

학업 중에는 지치기도 하고, 지겹기도 하고, 매너리즘이 찾아오기도 하고, 슬럼프를 겪기도 하고, 성적이 안 나와서 좌절하기도 하는 등 우리 자녀에게 힘든 상황이 계속 찾아옵니다. 그때 하나님이 주시는 인내의 능력과 끈기의 자세로 능히 이겨 낼 수 있도록 기도해 주어야 합니다. 시

편 126편 6절에서 하나님은 "울며 씨를 뿌리러 나가는 자
는 반드시 기쁨으로 그 곡식 단을 가지고 돌아오리로다"
라고 약속해 주십니다.

7. 자녀가 학업의 과정 자체를 즐기게 해 달라고 기도해야 합
니다. 우리 자녀는 학업의 결과에만 관심을 가지고 좋은
결과를 위해 학업의 과정을 이를 악물고 힘들게 견디고 있
습니다. 그러나 기왕이면 학업의 과정 자체를 즐기면 얼마
나 좋겠습니까! 그러면 학업의 과정 자체가 얼마나 의미
있겠습니까! 따라서 우리 자녀가 학업의 과정 자체를 즐
기고 학업의 과정을 지나는 시간을 의미 있고 행복하게 보
낼 수 있도록 기도해야 합니다.

8. 자녀가 시험 결과 때문에 시험에 들지 않도록 기도해야 합
니다. 우리 자녀는 학업의 과정을 지나는 동안에 정말 많
은 시험을 봅니다. 저도 지나온 학업의 세월을 생각해 보
면 정말 셀 수도 없을 만큼 많은 시험을 보아 왔음을 인식
하게 됩니다.
수많은 시험을 치르다 보면 시험 결과가 좋을 때도 있고,
안 좋을 때도 있고, 정체될 때도 있습니다. 따라서 우리 자
녀가 특히 시험 결과가 좋지 않을 때 시험에 들지 않도록,
반면에 시험 결과가 잘 나올 때는 자만하지 않도록 기도
해야 합니다. 우리 자녀가 시편 37편 24절, "그는 넘어지

어쩌다 학부모

나 아주 엎드러지지 아니함은 여호와께서 그의 손으로 붙드심이로다"라는 하나님 말씀을 붙들고 살아갈 수 있도록 기도해야 합니다.

9. 자녀가 비교평가의 학교 문화 가운데 지나치게 스트레스를 받거나 친구들을 자신이 이겨야만 하는 경쟁자로 보지 않기를 위해 기도해야 합니다. 또 자녀가 자신의 한계를 뛰어넘고 가능성을 최대한 발휘할 수 있도록 스스로에게 집중하는 학업의 과정이 될 수 있도록 기도해야 합니다. 지나친 경쟁의식은 친구 간의 관계를 힘들게 할 수 있고 내면의 평화를 깰 수 있습니다. 그래서 우리 자녀가 자신의 한계를 뛰어넘고 자신의 가능성을 최대한 발휘하려는 목표를 가지고 공부할 수 있도록 기도해야 합니다.

10. 자녀가 학업의 과정을 지날 때 하나님을 더 의지하고 하나님과 동행하면서 신앙이 더 성장하고 성숙할 수 있도록 기도해야 합니다. 학업의 과정을 지나면서 힘들고 어려울 때 하나님을 더욱 찾고, 하나님을 더욱 믿고 의지하면서 하나님과 동행하고, 그러면서 예수 그리스도에게까지 자라 갈 수 있도록 기도해야 합니다. "오직 사랑 안에서 참된 것을 하여 범사에 그에게까지 자랄지라 그는 머리니 곧 그리스도라"(엡 4:15).

✽ 학부모를 위한 기도 제목

자녀를 위한 기도와 더불어 학부모 자신을 위한 기도도 당연히 해야 합니다. 물론 자녀를 위한 기도 제목과 학부모 자신을 위한 기도 제목이 연결되어 있을 테지만, 부모는 하나님 앞에서 자기 자신을 성찰하면서 깊이 있게 기도해야 합니다.

1. 학부모가 자기 자녀의 주인은 오직 하나님이심을 고백하면서 하나님이 맡겨 주신 자녀를 신앙 안에서 잘 양육할 수 있도록 기도해야 합니다. 제가 자녀를 위해 많이 기도하는 내용은 "하나님이 제 딸의 참 부모이십니다. 제 딸을 책임져 주세요!"입니다. 자녀가 부모의 소유라는 인식에서 벗어나야 자녀를 존중할 수 있고 부모의 생각을 자녀에게 주입하지 않게 됩니다. 그리고 하나님께 순종하는 가운데 자녀 양육을 할 수 있습니다.

2. 학부모가 세상적인 욕심과 가치에서 벗어나서 하나님의 비전과 가치를 가지고 살아갈 수 있도록 기도해야 합니다. 기독 학부모가 세상적인 욕심과 가치를 가지고 자녀의 학업 과정에 영향력을 미치면 세상 학부모와 별반 차이가 없게 됩니다. 자녀의 학업 과정에 부모가 함께하는 가운데 하나님의 비전과 가치를 내면화하고 자녀에게 강조할 수 있도록 기도해야 합니다.

3. 학부모가 육체적으로, 정신적으로, 영적으로 지치지 않도록 기도해야 합니다. 부모는 자녀를 양육하고 학업적인 부분에서 역할을 감당하는 가운데 자녀가 자신의 의견에 동의하지 않거나 자신이 계획한 대로 따라오지 않거나 혹은 따라오지 못할 때, 그리고 자녀와의 관계에 있어서 갈등하는 시간이 계속될 때 육체적, 정신적, 영적 탈진이 올 수 있습니다. 기도를 통해 학부모의 전인적인 건강을 지켜 나가야 합니다.

4. 학부모가 신앙 안에서 더 성장하고 성숙할 수 있도록 기도해야 합니다. 자녀도 신앙 안에서 더 성장하고 성숙해야 하지만 학부모가 자녀보다 더 성장하고 성숙해야 합니다. 왜냐하면 학부모는 자녀에게 신앙적인 모범을 보여야 하는 존재이기 때문입니다. 학부모는 에베소서 4장 15절, "오직 사랑 안에서 참된 것을 하여 범사에 그에게까지 자랄지라 그는 머리니 곧 그리스도라"라는 말씀처럼 예수 그리스도에게까지 자라 가야 합니다. 말씀과 기도를 통해 하나님과 끊임없이 교제하고 하나님의 뜻이 무엇인지를 항상 찾고 살아가는 신앙생활을 해야 합니다.

5. 학부모가 하나님의 지혜를 가지고 자녀를 바른길로 인도할 수 있도록 기도해야 합니다. 학업을 감당하는 우리 자녀에게도 하나님의 지혜가 필요하지만 자녀를 인도하는

학부모에게도 하나님의 지혜가 절대적으로 필요합니다. 하나님의 지혜는 완전합니다. 하나님의 지혜는 선합니다. 하나님의 지혜는 하나님의 뜻으로 나아가게 합니다. 학부모는 하나님의 지혜를 받아 자녀를 양육할 수 있도록 기도해야 합니다.

6. 학부모가 자녀의 인생길은 하나님이 책임져 주시고 인도해 주신다는 사실을 전적으로 믿을 수 있도록 기도해야 합니다. 아마 기독 학부모 가운데 자녀의 인생길은 하나님이 책임져 주시고 인도해 주신다는 사실을 인정하지 않는 경우는 없을 것입니다. 그런데 문제는 실제 삶에서는 자녀의 인생길을 책임져 주고 인도해 주는 존재가 학교나 학원 교사, 또는 과외 교사라고 믿는 듯 보인다는 것입니다.

물론 학교나 학원 교사, 또는 과외 교사는 우리 자녀의 학업에 있어서 필요한 존재입니다. 하지만 우리 자녀의 학업을 옆에서 어느 정도 도와주는 존재 정도라는 사실을 기억해야 합니다. 따라서 "어느 학원이 좋다더라", "어느 선생님에게 과외를 받아야만 한다더라" 등의 말에 너무 휘둘리지 말고 우리 자녀의 인생길은 하나님이 책임져 주시고 인도해 주신다는 사실을 전적으로 믿으며 살아갈 수 있도록 기도해야 합니다.

7. 학부모가 우리 자녀의 시험 성적 하나하나에 일희일비하

어쩌다 학부모

지 않도록 기도해야 합니다. 우리 자녀는 학창 시절에 학업의 과정 가운데 수많은 시험을 봅니다. 얼마나 많은 시험을 보는지, 그 횟수를 가늠하기도 어려울 것입니다. 저는 박사학위까지 받았는데, 박사과정을 다 마칠 때까지 얼마나 많은 시험을 보았겠습니까! 학창 시절에 우리 자녀가 보는 수많은 시험은 미래의 꿈으로 나아가는 과정입니다. 이 과정에서 보는 시험 성적 하나하나에 일희일비하지 않도록, 중심을 잡고 나아갈 수 있도록 기도해야 합니다.

8. 학부모가 자녀의 재능을 잘 발견하고 격려하며 인정과 칭찬의 말을 잘할 수 있도록 기도해야 합니다. 자녀의 진로에 있어서 재능을 고려하는 것이 제일 중요합니다. 따라서 자녀를 누구보다도 잘 아는 학부모가 자녀의 재능을 잘 발견하고 격려하는 사람이 될 수 있도록 기도해야 합니다. 더 나아가 학부모는 마음과 달리 겉으로는, 자녀에게 인정과 칭찬의 말은 인색하게 하고 잔소리는 많이 합니다. 따라서 잔소리는 줄이고 자녀를 인정하고 칭찬하는 말을 잘하는 부모가 될 수 있도록 기도하고, 이를 실천하는 훈련을 해야 합니다.

9. 자녀가 자신만 잘 먹고 잘 사는 개인적인 꿈이 아니라 하나님을 사랑하고 이웃을 사랑하고 생명을 살리는 하나님의 꿈으로 나아가기를 학부모도 전적으로 바라게 해 달라

고 기도해야 합니다. 예를 들어, 기독 학부모이기 때문에
그동안 우리 자녀가 하나님의 꿈으로 나아갔으면 좋겠다
고 말해 왔는데, 막상 자녀가 하나님의 꿈을 위해 아프리
카 선교사가 되겠다고 한다면 어떻게 하겠습니까? 자녀가
이것은 진짜 하나님의 꿈이라며 확신을 가지고 나아가려
고 할 때 학부모인 우리가 반대하지 않고 전적으로 동의하
고 우리도 바라는 바가 될 수 있도록 기도해야 합니다.

10. 기독 학부모라는 정체성을 붙들고 살아갈 수 있도록 기
도해야 합니다. 정체성에 대한 인식은 한 사람의 삶에 있
어서 매우 중요합니다. 정체성을 정확히 인식하고 있어
야 바른길로 갈 수 있습니다. 중간에 변질되거나 타락하
지 않을 수 있습니다. 우리는 그냥 학부모가 아니라 예수
그리스도를 주인으로 모시는 기독 학부모라는 정체성을
한시도 잊지 않고 살아갈 수 있도록 기도해야 합니다.

�֎ 성찰과 결심

1. 자녀를 위해서 얼마만큼 기도하고 있습니까?

_____

_____

2. 자녀를 위해서 주로 어떤 기도를 하고 있습니까?

_____

_____

3. 부모인 나 자신을 위해 주로 어떤 기도를 하고 있습니까?

_____

_____

4. 자녀를 위해 열심히 기도해야 하는 기도의 내용은 무엇입니까?

_____

_____

5. 하나님이 기뻐하시는 기도를 구체적으로 하기 위해 결심한 점은 무엇
입니까?

_____

_____

1. 부모를 위한 메시지
_ 우리 자녀를 이 시대의 다니엘로 키우자

본문: 단 1:1-21, 6:10; 요 4:20-24

부모가 먼저 다니엘이 되자

저는 다니엘을 좋아합니다. 어릴 때 어른들이 "네가 제일 좋아하는 성경의 인물은 누구니?"라고 질문하면 "다니엘입니다"라고 답을 했습니다. 지금 제 사역의 모델 또한 다니엘입니다. 우리 부모는 우리 자녀를 이 시대의 다니엘로 키워야 합니다. 우리 자녀가 하나님이 기뻐하시는 다니엘이 되기를 소망합니다.

그런데 우리 자녀가 다니엘이 되기 위한 전제는 부모인 우리가 바로 다니엘이 되어야 한다는 것입니다. 부모가 다니엘이 되지 않고서는 자녀를 다니엘로 키울 수 없습니다. 기독교 교육 방법 중에 가장 중요한 방법은 '모델링'입니다. 부모가 자녀의 모델이 되는 것입니다. 자녀는 부모의 모습을 보고 닮게 되어 있습니다.

항상 하나님을 의식하는 신앙인

다니엘의 이름의 뜻은 무엇일까요? 성경을 읽을 때 좋은 습관 중 하나는 바로 성경에서 하나님이 쓰신 인물들의 이름 뜻을 알아보는 것입니다. 왜냐하면 하나님이 쓰신 성경 인물들의 이름은 하나님이 친히 지어 주신 것이고, 이름에는 그 사람이 이 세상에 와서 해야 하는 사역, 인생의 사명이 들어가 있기 때문입니다.

예를 들어, 우리가 믿는 예수님의 이름의 뜻은 '자기 백성을 죄에서 구원할 자'라는 의미입니다. 그래서 예수님은 구원자로서의 사명을 감당하신 것입니다. 예수님의 또 다른 이름은 '임마누엘'인데, '하나님이 우리와 함께 계시다'라는 뜻입니다. 그래서 예수님은 하나님과 인간 사이에 죄로 인해 막힌 담을 허무시고 하나님이 우리와 함께하신다는 사실을 증거로 보여 주기 위해 이 땅에 오신 것입니다.

저는 어릴 때 제 이름을 별로 좋아하지 않았습니다. 왜냐하면 사람들이 제 이름을 물어봐서 "성중"이라고 말하면 대부분 "성준"으로 알아들었기 때문입니다. 그러다가 성경에 제 이름이 많이 나온다는 사실을 알고서부터 제 이름을 좋아하게 되었습니다.

"그 땅의 모든 백성이 즐거워하고 성중이 평온하더라"(대하 23:21).

"하나님이 그 성중에 계시매 성이 흔들리지 아니할 것이라
새벽에 하나님이 도우시리로다"(시 46:5).

물론 성경에서 나오는 "성중"이라는 단어의 뜻은 '성안'이라는 의미이고, 제 이름은 '성인들 중에 가장 중심이 되라'는 뜻입니다.

그럼 우리가 닮아야 하는 본문의 주인공인 다니엘의 이름의 뜻은 무엇일까요? 다니엘의 이름의 뜻은 '하나님은 나의 심판자'입니다. 다니엘은 자신의 이름을 사명으로 붙들고 살았던 사람입니다. 우리는 '심판'이라는 단어를 들으면 벌 받는 것을 생각해서 두렵게 느끼지만, 사실 이 단어는 중립적인 의미를 가지고 있습니다.

히브리서 9장 27절에는 "한 번 죽는 것은 사람에게 정해진 것이요 그 후에는 심판이 있으리니"라고 나옵니다. 이 심판은 중립적인 의미입니다. 예수님을 믿으면 좋은 심판을 받아 천국에 가고, 예수님을 믿지 않으면 나쁜 심판을 받아 지옥에 가는 것입니다. 그래서 여기서 '심판'을 중립적인 의미가 더 잘 드러나는 '판단', '평가'라는 단어로 바꾸면 좋을 듯합니다. 다시 다니엘의 이름을 해석하면 '하나님은 나의 판단자', '하나님은 나의 평가자'입니다.

그런데 판단과 평가를 하려면 전제가 있어야 합니다. 그 전제는 바로 보는 것입니다. 보아야 판단과 평가를 할 수 있는 것입니다. 저는 학교에서 학생들을 가르치는 교수입니다. 제가 학

생들을 평가한다고 할 때에는 학생들이 수업을 잘 듣는지를 봐야 합니다. 그리고 학생들이 시험을 치르면 어떤 내용을 썼는지를 봐야 합니다. 그래야 잘 평가할 수 있습니다.

이처럼 다니엘은 항상 하나님이 자신을 보고 계심을 믿고 살았습니다. 하나님이 내가 하는 행동을 다 보고 계시고, 내가 하는 말을 다 듣고 계시고, 내가 가진 생각을 다 읽고 계신다는 것입니다. 항상 하나님을 의식하고 살았던 위대한 신앙인이 바로 다니엘입니다.

부모인 우리도 하나님이 항상 우리와 함께 계시고 우리를 보고 계신다는 사실을 믿고 살아가기를 소망합니다. 그리고 우리 자녀도 항상 하나님 앞에 서 있다는 믿음을 가지고 하나님을 의식하며 살아가는 자녀로 키우기를 소망합니다.

바벨론으로 끌려간 다니엘과 세 친구

바벨론 왕 느부갓네살왕이 다니엘이 살던 남유다 예루살렘에 쳐들어왔습니다. 그리고 예루살렘 성전에 와서 성전의 기구들을 훔쳐 갔습니다.

"주께서 유다 왕 여호야김과 하나님의 전 그릇 얼마를 그의
손에 넘기시매 그가 그것을 가지고 시날 땅 자기 신들의 신전
에 가져다가 그 신들의 보물 창고에 두었더라"(단 1:2).

그리고 느부갓네살왕은 바벨론 왕국에 이익이 될 만한 남유

다의 인재들을 포로로 끌고 갔습니다. 왕족과 귀족 출신 중에 얼굴도 잘생기고, 지혜도 있고, 지식도 뛰어나며, 공부도 잘하는 소년들을 포로로 끌고 갔습니다.

> "왕이 환관장 아스부나스에게 말하여 이스라엘 자손 중에서 왕족과 귀족 몇 사람 곧 흠이 없고 용모가 아름다우며 모든 지혜를 통찰하며 지식에 통달하며 학문에 익숙하여 왕궁에 설 만한 소년을 데려오게 하였고"(단 1:3-4상).

이때 포로로 끌려간 사람이 바로 다니엘입니다. 그래서 다니엘은 오늘날의 용어로 말하면, 금수저 위에 다이아몬드 수저입니다. 다니엘의 입장에서 얼마나 억울했겠습니까? 나라가 망하지만 않았으면 남유다에서 떵떵거리며 살 수 있었는데 졸지에 포로 신분이 되었으니 말입니다.

바벨론의 느부갓네살왕은 환관장 아스부나스를 시켜서 포로들을 왕궁에 거하게 했으며, 그들에게 바벨론 학문을 익히게 하고 바벨론 언어를 배우게 했습니다.

> "그들에게 갈대아 사람의 학문과 언어를 가르치게 하였고"(단 1:4하).

포로들은 바벨론으로 가서 이름을 강제로 개명하게 됩니다. 우리나라도 일본에 의해서 약 35년간 지배를 받았을 때 이름이 바뀌었지요? '창씨개명'이라고 합니다. 바벨론도 마찬가지였습니다. 포로들의 이름을 바꿔 버렸습니다. 이름은 정체성입니다. 그래서 남유다 언어로 된 이름을 바벨론 언어로 된 이름으로 바꾼 것입니다. 식민 지배 국가가 피식민 지배 국가의 민족 정체성을 말살하는 정책이었습니다.

이때 '다니엘'은 바벨론식 이름인 '벨드사살'로 바뀌었습니다. 벨드사살은 '벨이여, 그의 생명을 지켜 주옵소서'라는 뜻입니다. '벨'은 바벨론 사람들이 믿었던 신의 이름입니다. 다니엘의 이름의 주어는 '하나님'이었는데, 바벨론으로 끌려가니까 강제로 그 이름의 주어가 '벨'로 바뀌었습니다.

이것이 무슨 뜻일까요? 바로 종교를 강요당한 것입니다. "네가 지금까지 믿었던 여호와 하나님을 버리고 바벨론 사람들이 믿는 벨 신을 믿으라"는 것입니다. "너의 민족 신이 우리 신에게 져서 너희가 포로로 끌려온 것이니 우리 신 벨을 믿으라"는 것입니다. 하나님을 신실하게 믿는 다니엘의 입장에서는 얼마나 힘든 고난과 시련이었겠습니까!

다행히 다니엘에게는 진짜 좋은 믿음의 친구들이 있었는데, 그들은 하나냐와 미사엘과 아사랴입니다. 그들도 바벨론식으로 이름이 바뀌었는데, 각각 사드락, 메삭, 아벳느고입니다. 다니엘과 세 친구는 하나님을 제대로 섬기기 힘든 바벨론에서 하나님의 말씀을 지키기 위해 몸부림을 치면서 노력했습니다.

우리 부모에게도 하나님의 가치와 비전으로 살아가는 동료 가정이 필요합니다. 하나님의 말씀대로 우리 자녀를 양육하고 자 노력하는 부모들과 교제하고 친하게 지내야 합니다. 마찬가지로 우리 자녀에게도 영적 친구들이 있어야 합니다. 함께 신앙생활 하고, 함께 예배드리고, 함께 말씀을 지켜 나가는 영적 친구들이 주변에 있어야 하고 그들과 친하게 지내야 합니다.

"한 사람이면 패하겠거니와 두 사람이면 맞설 수 있나니 세 겹 줄은 쉽게 끊어지지 아니하느니라"(전 4:12).

타협 없는 신앙

다니엘에게 있어 신앙의 유혹은 매일 먹는 음식으로 다가왔습니다. 큰 유혹도 이겨 내기 힘들지만, 매일 찾아오는 일상의 유혹은 더 이겨 내기 힘든 법입니다. 음식이 별로였다는 의미가 아닙니다. 음식은 그야말로 최고의 것이었습니다. 그 당시 세계를 호령한 바벨론 왕궁에서 왕이 먹는 음식이었습니다. 산해진미는 물론 세계 최고급 포도주가 식사 때마다 나왔습니다.

그런데 이 음식은 바벨론 우상에게 바쳐진 음식이었으며, 구약 성경 레위기 11장에 나오는 먹지 말아야 하는 고기들이었습니다. 바벨론 왕은 이 음식을 3년 동안 포로들에게 먹이고 기른 후 그들 중에서 인재를 발탁할 계획을 가지고 있었습니다.

고대 나라에는 다 있던 법인데, 왕이 주는 모든 것은 왕이 내리는 하사품으로 보았습니다. 그렇기 때문에 왕이 주는 것을 거절할 시에는 반역죄에 해당해서 죽게 됩니다. 우리나라 조선 시대에도 귀향 간 사람에게 사약이 내려지면 그는 그 사약조차도

왕이 내리는 하사품으로 보았고, 왕이 있는 한양을 향해서 큰절을 올리고 "왕이시여! 옥체 보존하소서"라고 말하고 감사히 사약을 받아 마시고 죽었습니다. 하물며 본문의 상황에서 느부갓네살왕이 포로들에게 하사한 것은 좋은 음식인데, 그 음식을 먹지 않으면 그야말로 왕의 명령을 어긴 죄로 무조건 사형에 처해지는 것입니다.

이러한 상황 가운데서 다니엘은 뜻을 정하여 왕의 음식과 그가 마시는 포도주로 자기를 더럽히지 아니하리라 하고 자기를 더럽히지 아니하도록 환관장에게 구했습니다(단 1:8). 그리고 그의 세 친구 하나냐, 미사엘, 아사랴도 다니엘과 뜻을 같이했습니다. 그들은 목숨을 걸고 하나님의 율법을 지키고 하나님만 섬기기로 작정한 것입니다.

이제 난리가 난 사람은 다니엘과 세 친구를 관리하는 환관장이었습니다. 환관장도 포로들을 잘못 관리한 책임을 왕이 물으면 죽임을 당할 수 있었기 때문입니다. 그래서 환관장은 그들을 말립니다. 환관장은 "내가 내 주 왕을 두려워하노라 그가 너희 먹을 것과 너희 마실 것을 지정하셨거늘 너희의 얼굴이 초췌하여 같은 또래의 소년들만 못한 것을 그가 보게 할 것이 무엇이냐 그렇게 되면 너희 때문에 내 머리가 왕 앞에서 위태롭게 되리라"(단 1:10)라고 말합니다. 이에 다니엘은 다음과 같이 제안합니다.

"청하오니 당신의 종들을 열흘 동안 시험하여 채식을 주어

먹게 하고 물을 주어 마시게 한 후에 당신 앞에서 우리의 얼굴과 왕의 음식을 먹는 소년들의 얼굴을 비교하여 보아서 당신이 보는 대로 종들에게 행하소서 하매"(단 1:12-13).

다니엘이 채식주의자라서 이렇게 말한 것이 아닙니다. 그는 하나님의 말씀을 지키기 위해서 목숨을 걸고 이런 제안을 한 것입니다.

드디어 열흘이 지났습니다. 어떻게 되었을까요? 열흘 후에 다니엘과 세 친구의 얼굴은 더욱 아름답고 고기를 잘 먹은 것과 같이 얼굴에 기름기가 돌아서 왕의 음식을 먹는 다른 소년들보다 건강 상태가 더 좋아졌습니다.

고기를 먹지도 않았는데 어떻게 이처럼 놀라운 일이 일어난 것일까요? 다니엘과 세 친구의 결단에 하나님이 감동하셔서 그들의 삶에 역사하셨기 때문입니다. 하나님이 도와주신 것입니다. 그들의 신앙적인 결단을 높이 평가하신 것입니다.

이뿐만이 아닙니다. 하나님은 다니엘과 세 친구의 모습을 보고 감동을 받으셔서 큰 복을 내려 주셨습니다. 하나님은 이 네 소년에게 학문을 주셨고, 모든 서적을 깨닫게 하셨고, 지혜를 주셨습니다. 다니엘에게는 모든 환상과 꿈까지 깨달아 아는 능력을 주셨습니다. 그리고 왕이 정한 기한인 3년이 지난 후 다니엘과 세 친구는 인재로 뽑혀 왕 앞으로 나아가게 됩니다. 하나님이 그렇게 인도하신 것입니다.

우리는 다니엘과 세 친구가 인재가 된 결과만 보고 부러워할 때가 있습니다. 다니엘과 세 친구는 환경과 타협하지 않고 하나님을 온전히 섬겼기 때문에 이러한 복을 받은 것입니다. 지금 우리가 믿는 하나님과 다니엘에게 역사하신 하나님은 동일한 하나님이십니다. 야고보서 1장 17절을 보면, 하나님은 변함도 없으시고 회전하는 그림자도 없으신 분입니다. 히브리서 13장 8절을 보면, 예수님은 어제나 오늘이나 영원토록 동일한 분이십니다.

우리 부모가 하나님의 말씀을 철저하게 지킬 때 하나님이 우리의 삶에 강력하게 역사해 주실 줄 믿습니다. 우리 자녀가 하나님의 말씀을 철저히 붙들고 순종할 때 하나님이 자녀의 삶에 큰 은혜와 복을 내려 주실 줄 믿습니다.

그런데 다니엘 1장에 이름이 나온 포로들은 다니엘과 세 친구뿐입니다. 그럼 어떤 유추가 가능할까요? 나머지 포로들은 우상에게 바쳐진 음식을 먹었다는 유추가 가능합니다. 한마디로 타협을 했다는 것입니다. 나머지 포로들도 남유다에서 하나님을 믿는 사람들이었습니다. 그런데 하나님의 말씀을 지키기 어려운 환경이 도래하자 타협했습니다. 타협하지 않고 하나님의 말씀을 철저하게 지킨 사람은 수많은 포로 중에 고작 네 명뿐이었던 것입니다.

우리도 우리 머리로 하나님을 판단하고 있지는 않습니까? 하나님은 다 받아 주시고 이해하실 것이라며 우리 자신의 판단과 행동을 합리화하며 신앙생활을 하고 있지는 않은지 성찰해 보아야 합니다.

주일예배 시간이 학원 시간과 같으면 '하나님은 어쩔 수 없이 자녀를 학원에 보내는 우리 마음을 이해하실 거야'라고 생각하며 자녀를 학원으로 보내는 것은 아닌지 우리 자신을 성찰해 보아야 합니다. 아니면 마음의 찔림을 조금이라도 덜 받기 위해 아침 일찍 1부 예배에 우리 자녀를 출석시키고 (자녀는 청소년부 예배에 출석하고 싶어 하는데) 청소년부 예배 시간에는 학원이나 독서실에 보내는 것은 아닌지 우리 자신을 성찰해 보아야 합니다.

우리 자신의 환경과 상황과 조건이 우리 신앙의 기준이 되어서는 안 됩니다. 성경에 나오는 하나님의 말씀과 행동이 우리 신앙의 기준이 되어야 합니다. 하나님은 성경 어느 곳에서도 타협하라고 말씀하시지 않습니다.

진정으로 우리 자녀의 삶에 기적이 일어나기를 원하십니까? 우리 자녀가 이 시대의 다니엘이 되기를 원하십니까? 그러면 하나님만 선택하는 철저한 신앙인이 되시기를 바랍니다.

하나님을 경외하는 삶

우리 자녀가 이 시대의 다니엘이 되기 위해서는 어떻게 해야 합니까? 바로 부모도 하나님을 경외하고 자녀도 하나님을 경외해야 합니다. 다니엘은 하나님을 경외했습니다. '경외'란 문자 그대로는 '두려움'이라는 의미입니다. 그런데 두려움에는 두 가지가 있습니다.

첫 번째 두려움은 길 가다가 무서운 깡패를 만나 위협이 되어 느끼는 두려움입니다. 예수님이 비판하신 유대인들은 하나

어쩌다 학부모

님을 물리적으로 두려워했습니다. 그래서 율법의 조항들을 하나하나 다 지키려고 노력했습니다. 율법의 핵심인 하나님을 사랑하기 때문에 지킨 것이 아니라 하나님으로부터 벌을 받을까봐 두려워서 지켰습니다.

이렇게 신앙생활 하면 위험한 이유는 바로 하나님을 오해하게 될 수 있기 때문입니다. 무서운 하나님으로 오해합니다. 그러니까 하나님과의 관계가 깊어질 수가 없습니다. 그리고 문제는 사람에게는 보상심리가 있기 때문에 율법을 다 지키면 거기서 끝나는 것이 아니라 복을 달라고 요청한다는 것입니다. 결국 율법을 지키는 목적이 복이 됩니다. 이것이 기복주의입니다. 복 받고 싶어서 율법을 지키고 신앙생활을 하는 것입니다.

그리고 다 지켰으니까 우월감에 빠지고 율법을 지키지 못하는 사람은 정죄합니다. 정죄는 남을 내리고 나를 높이는 것이기 때문에 명예와 관련되어 있고, 이것도 결국은 보상심리가 작동한 것입니다. 이러한 신앙은 변질된 신앙입니다.

두 번째 두려움은 우리가 가져야 하는 경외입니다. '경외'(敬畏)는 한자 '공경할 경'(敬)에 '두려워할 외'(畏)를 씁니다. 이 두려움은 단순히 물리적으로 두려워하는 것이 아닙니다. 우리는 너무나 훌륭한 스승님이 계실 때 "스승의 그림자도 밟지 못한다"라고 말합니다. 너무 존경하는 데서 나오는 두려움입니다. 존경의 시작은 사랑입니다. 너무 사랑하니까 존경하게 되고, 존경이 극대화하면 두려움의 감정까지 느끼게 됩니다.

우리는 사랑하면 상대방에게 맞추게 됩니다. 사랑하는 사람에게 맞추는 것이 의무 때문입니까, 좋아서입니까? 좋아서입니다. 하나님을 너무 사랑하고 존경하면 하나님께 맞추게 되어 있습니다. 이것은 자연스럽게 진행되는 것입니다.

부모님들의 신혼 때를 생각해 보십시오. 남편은 야구장 가는 것을 좋아하고 아내는 카페에서 조용히 커피 마시는 것을 좋아한다고 합시다. 아내가 남편과 같이 야구장에 가는 것은 의무가 아니라 사랑해서 자연스럽게 맞추게 된 것입니다. 아내는 스파게티를 좋아하고 남편은 된장찌개를 좋아한다고 합시다. 남편이 아내와 스파게티 가게에 가는 것은 의무가 아니라 사랑하기 때문에 일어나는 자연스러운 변화입니다.

다니엘은 하나님을 물리적으로 두려워했던 자가 아니라 하나님과 깊이 있게 교제하고 하나님을 사랑하고 존경해서 하나님을 진정으로 경외하는 자였습니다. 그러했기에 바벨론 우상에게 바쳐진 음식을 먹을 수 없었던 것입니다. 하나님의 말씀을 어기고 그 음식을 먹을 수 없었던 것입니다.

시편 66편 16절에는 "하나님을 두려워하는 너희들아 다 와서 들으라 하나님이 나의 영혼을 위하여 행하신 일을 내가 선포하리로다"라고 나옵니다. 하나님을 경외하는 것이 신앙의 전제라는 것입니다. 하나님을 경외하는 사람들이 하나님의 말씀을 들을 자격이 있다는 것입니다. 모세오경에서 제일 많이 나오는 명령 중에 하나가 "하나님을 경외하라"입니다. 하나님을 경외하는 구체적인 실천은 바로 예배를 잘 드리는 것입니다.

다니엘 6장에 가면 시대도 바뀌고 나라도 바뀝니다. 바벨론의 시대가 끝나고 메대 다리오왕의 시대가 도래합니다. 그런데 놀라운 것은 이때도 다니엘은 승승장구하며 왕 다음으로 높은 총리의 자리에 올라갔다는 것입니다. 포로 출신으로 종교 국가에서 바벨론 지역의 신을 믿지도 않는 다니엘이 왕 다음으로 높은 총리의 자리까지 올라갔으니 정말 대단합니다.

다니엘은 나이가 들어도, 어떤 위치에 올라서도 변함없이 하나님을 신실하게 섬겼고, 하나님은 다니엘의 삶을 선하게 인도하셨으며 다니엘이 선한 영향력을 발휘할 수 있는 위치를 주시고 그에게 큰 복을 주셨습니다.

다니엘이 이렇게 승승장구하자 그의 주변에는 시샘하는 사람들이 많이 생겼습니다. 그래서 다니엘의 반대파는 다니엘의 단점을 찾았는데, 다니엘이 얼마나 멋있게 살고 능력 있게 국정 일을 했던지 단점을 찾을 수가 없었습니다.

> "이에 총리들과 고관들이 국사에 대하여 다니엘을 고발할 근거를 찾고자 하였으나 아무 근거, 아무 허물도 찾지 못하였으니 이는 그가 충성되어 아무 그릇됨도 없고 아무 허물도 없음이었더라"(단 6:4).

우리 자녀를 이같이 키워야 합니다. 자기 일에 충성하며 최선을 다하는 자녀, 자신에게 맡겨진 일에 성과를 내는 실력을 갖춘 자녀, 실수하지 않고, 혹여 실수했으면 다음에는 실수하지 않으려고 노력하는 꼼꼼한 자녀, 다른 사람이 보든 안 보든 거짓 없이 일하는 정직한 자녀, 공동체 안에서 인정받는 좋은 인성을 갖춘 자녀, 다른 사람들이 시샘해도 바른길을 걸어가는 자녀로 키워야 합니다.

사람들은 다니엘의 삶과 일에서는 도저히 단점을 찾을 수 없자, 그의 신앙에서 단점을 찾아내 그것으로 다니엘을 끌어내리려고 계획을 세웠습니다. 다니엘은 여전히 '여호와 하나님'만 섬겼기 때문입니다.

다니엘의 반대파는 누구든지 30일 동안 왕 외에 다른 신에게 기도하거나 절하면 사자 굴에 들어간다는 법안을 만들어서 왕에게 가져갑니다. 왕의 입장에서는 왕 자신을 신의 대리자로 인정하는 것이고, 왕권을 강화하는 일에 있어서 좋은 기회이기 때문에 그 법안에 도장을 찍었습니다. 하지만 다니엘은 그 법안에 도장이 찍힌 것을 알고도 기도했습니다.

"다니엘이 이 조서에 왕의 도장이 찍힌 것을 알고도 자기 집에 돌아가서는 윗방에 올라가 예루살렘으로 향한 창문을 열고 전에 하던 대로 하루 세 번씩 무릎을 꿇고 기도하며 그의 하나님께 감사하였더라"(단 6:10).

이 구절에서 중요한 단어와 문구는 "윗방"과 "창문을 열고"입니다. 상식적으로 생각할 때 반대파가 다니엘의 집 양옆 옥상에서 다니엘이 기도하는지, 안 하는지 눈에 불을 켜고 감시하고 있는 상황에서 다니엘이 눈에 띄지 않으려면 윗방이 아니라 아래쪽 방으로 가야 합니다. 그런데 다니엘은 윗방에 올라갔습니다. 그리고 감시에 걸리지 않으려면 창문을 꼭꼭 닫아야 합니다. 그런데 다니엘은 감시하는 자들이 잘 보도록 윗방에 올라가서, 그것도 더 잘 보이라고 창문을 열고 기도했습니다.

다니엘의 기도는 바로 예배였습니다. 당시 다니엘은 바벨론 지역에 있었기 때문에 예루살렘에 갈 수 없었습니다. 예루살렘 성전은 이미 파괴되었기에 예루살렘 성전에서 예배를 드릴 수 없었습니다. 그래서 다니엘은 예루살렘 성전을 생각하고 사모하면서 예배를 드린 것입니다. 다니엘은 감시자들이 다 볼 수 있도록 대놓고 하루 세 번씩 예배드리며 순교하기로 작정한 것입니다. "나는 내 생명보다 예배가 더 소중하다"는 것입니다. "나는 숨어서 예배드리지 않고 대놓고 예배드리니까 잡아가라"는 것입니다. 다니엘에게 있어 예배는 목숨보다 귀했습니다.

다니엘은 감시자들에 의해 바로 현장에서 체포되어 사자 굴에 끌려가서 던져집니다. 다니엘은 사자 굴에 들어갈 때 천사가 와서 도와줄 것을 믿고 편안한 마음으로 들어갔을까요? 아닙니다. 다니엘은 순교하기로 작정하고 사자 굴에 들어간 것입니다. 다니엘도 인간입니다. 사자 굴에 들어가면 사자가 자신을 찢고 자신은 고통 가운데 죽어 갈 것을 알았습니다. 그러나 다니엘은 예배가 자신의 생명보다 귀하다고 믿는 신앙인이었기 때문에 능히 예배를 선택할 수 있었습니다.

저는 다니엘 1장의 다니엘도 대단하지만, 다니엘 6장의 다니엘이 더 대단하다고 생각합니다. 왜냐하면 둘은 배경이 완전히 다르기 때문입니다. 다니엘 1장 4절을 보면, 다니엘은 남유다에서 포로로 끌려온 소년이었음을 알 수 있습니다. 아마 갓 청소년기에 접어든 나이였을 것입니다. 나이도 어리고 게다가 포로 신분이었습니다. 이때 다니엘은 순수했을 것입니다. 포로인 그에게 권력이 있습니까? 돈이 있습니까? 의지할 인맥이 있습니까? 아무것도 없습니다. 이럴 때는 신앙의 순수성이 나오는 경우가 많을 수 있다고 생각합니다.

저는 청소년 수련회를 많이 인도합니다. 청소년 수련회를 인도하면서 느끼는 보람은 청소년들이 놀랍게 변화되는 것입니다. 수련회를 마치면 청소년들이 하나님을 뜨겁게 만나서 변화됩니다. "하나님을 위해 살겠습니다!", "사명 따라 살겠습니다!", "하나님을 위해 충성을 다하겠습니다!", "이 산지를 내게 주소서! 복음을 위해 목숨을 걸겠습니다!" 하고 열정적으로 헌신하는 아이들이 많이 나옵니다. 다니엘의 나이대에, 그가 처한 환경에서는 신앙의 순수성이 충분히 나올 수 있다고 생각합니다.

하지만 다니엘 6장의 다니엘은 다니엘 1장의 다니엘이 아닙니다. 다니엘 6장의 다니엘은 나이도 들었고, 더 놀라운 것은 왕 다음으로 높은 총리 위치에 있었습니다. 권력이 있으면 당연히 재물이 따라오기에 다니엘은 어마어마한 집에 살았을 것이고, 수많은 하인이 있었을 것이고, 엄청난 재물을 소유했을 것입니다.

사람이 아무것도 없을 때는 겸손하고 신앙의 순수성을 잘 간직하고 있는데, 가진 것이 많아지면 점점 내 것인 양 착각해 마음이 높아지고 다른 사람에게 갑질하면서 하나님을 순수히 믿는 신앙에서 이탈해 변질되고 타락하는 경우를 종종 볼 수 있습니다. 그런데 다니엘이 위대한 점은 나이가 들수록, 가진 것이 더 많아질수록, 더 높은 위치에 올라갈수록 그의 신앙이 더욱 성장하고 성숙했다는 점입니다.

부모인 우리도 다니엘의 삶과 신앙을 본받아 나이가 들수록, 삶의 경험이 늘어 갈수록, 가진 것이 많아질수록 더 겸손하고 하나님을 더 잘 섬기기를 소망합니다.

하나님이 찾으시는 진정한 예배자

다니엘이 예배 한 번에 자신의 권력, 위치, 재산, 더 나아가 생명까지도 버릴 수 있었다는 것이 참으로 놀랍습니다. 그만큼 다니엘에게는 그의 인생에서 가장 중요한 우선순위, 가장 소중한 시간, 가장 중요한 실천이 바로 예배였던 것입니다.

다니엘에게는 이처럼 예배가 생명보다 귀했는데, 우리는 예배에 대해 어떻게 생각하고 있습니까? 우리도 다니엘처럼 하나님께 예배드리는 자들인데, 우리는 예배에 대해 어떤 마음을 가지고 있습니까? 그리고 우리 자녀는 예배를 잘 드리고 있습니까? 예배의 소중함을 알고 예배에 온 에너지와 열정을 드리고 있습니까?

우리는 자녀에게 예배보다 공부가 우선이라고 말하고 있지는 않습니까? 예배는 대학 가고 나서 열심히 드려도 된다고 생각하고 있지는 않습니까? 우리 자녀의 예배는 형식적으로 빨리 드리게 하고, 반면에 공부는 정성을 다해 열심히 하게 하지는 않습니까?

우리는 예배의 소중함을 알고 예배를 귀하게 여겨야 합니다. 예배는 신앙생활의 본질이자 기본이요 핵심입니다. 하나님은 진정한 예배자를 찾으십니다. 예배를 잘 드리는 사람을 찾으십니다. 제가 정의하는 예배는 다음과 같습니다.

> "성부 하나님이 사랑 안에서 나를 비롯해 온 만물을 만들어
> 주신 창조의 은혜와 성자 예수님이 나의 모든 죄를 씻어 주신
> 구원의 은혜와 성령 하나님이 나와 함께하셔서 나를 지키시
> 고 도와주시고 인도해 주시는 은혜에 감격해서 올려 드리는
> 감사와 찬양과 경배와 영광의 의식."

요한복음 4장에는 예수님이 예배에 대해서 정확히 가르쳐 주시는 내용이 나옵니다. 예수님은 사마리아에 있는 수가라는 동네에 들어가십니다. 사마리아는 이스라엘 지역에 포함되어 있습니다. 그러나 유대인들은 사마리아에 사는 사람들을 자신들과 같은 유대인으로 인정하지 않습니다. 왜냐하면 그들을 혼혈인들이라 여겼기 때문입니다.

북이스라엘이 멸망했을 때 사마리아 지역에 있던 유대인들

은 앗수르의 정책에 의해서 앗수르에서 이주해 온 이방 앗수르 사람들과 결혼하게 되었고 혼혈인들이 태어났습니다. 그래서 순수 혈통을 강조했던 유대인들은 사마리아인들을 자신의 민족으로 인정하지 않고 무시하고 미워했습니다. 유대인들은 이방 사람들과 결혼하면 이방 사람들이 믿는 우상 신까지 가문에 들어온다고 믿었습니다. 따라서 이방 사람들과의 결혼을 금했는데, 사마리아 사람들은 그것을 어겼다는 것입니다.

이 사마리아의 수가라는 동네 우물가에서 예수님은 한 여인을 만나십니다. 남편이 다섯이나 있었던 상처가 많은 여인입니다. 예수님은 그 여인을 위로하며 희망을 주십니다. 사마리아 여인은 예수님이 선지자이신 줄 알고 평소에 궁금해하던 신앙에 관련된 질문을 합니다. 그 질문의 내용이 바로 예배에 관한 것입니다.

여인은 예수님께 "우리 조상들은 이 산에서 예배하였는데 당신들의 말은 예배할 곳이 예루살렘에 있다 하더이다"(요 4:20)라고 말합니다. 유대인들은 신명기의 예루살렘 중앙성소법에 따라 예배는 반드시 예루살렘 성전에서 드려야 한다고 생각했습니다. 그리고 실제로 그렇게 했습니다. 바벨론 포로기 때에는 예루살렘에 갈 수 없으니까 예루살렘 성전이 있는 곳을 향해 무릎을 꿇고 기도하고 예배드렸습니다. 본문의 다니엘도 그렇게 했습니다.

그런데 사마리아인들은 유대인들의 방해로 인해 예루살렘 성전에 가서 예배를 드릴 수가 없었습니다. 사마리아인들이 예루살렘 성전에서 예배드리는 것을 순수 유대인들이 허용하지 않았기 때문입니다. 사마리아인들도 하나님을 믿는 백성이었습니다. 그래서 그들은 어쩔 수 없이 사마리아 지역에 있는 그리심산에 예배 처소를 만들고 거기서 예배를 드렸습니다.

이 배경 속에서 여인의 말을 다시 해석하면, "우리 사마리아 사람들은 그리심산에서 예배하는데, 유대인들은 예루살렘에서 예배드립니다"라는 것입니다. 그리고 어디서 예배드려야 하나님이 좋아하시는지 예배의 장소에 관해 예수님께 질문한 것입니다.

이에 대해 예수님은 요한복음 4장 21절에서 그리심산에서도 말고, 예루살렘에서도 말고, 하나님 아버지께 예배할 때가 이를 것이라고 말씀하십니다. 사마리아 여인은 예배의 장소에 대해 질문을 했는데 예수님은 때, 즉 시간으로 답변하신 것입니다.

우리가 진정으로 예배드릴 수 있는 이유는 바로 예수님이 십자가에서 모든 피를 흘리며 죽으심으로 우리의 모든 죄의 값을 치르셨고, 부활하심으로 말미암아 우리의 모든 죄의 값이 다 치러졌음이 증명되었기 때문입니다.

죄인인 우리는 완전한 의이신 하나님께 가서 하나님을 만날 수가 없습니다. 그래서 구약 시대에는 대제사장이 일 년에 한 번 지성소에 들어가서 모든 백성을 대표해서 하나님을 만났습니다. 그런데 예수님이 인간의 모든 죄를 다 씻으시는 십자가 죽음의 사건에서 지성소의 휘장이 찢어졌습니다. 예수님이 인간의 모든 죄를 다 씻으셔서 인간은 의의 상태가 되었기에 하나님께 가서 하나님을 만날 수 있게 된 것입니다.

우리는 예수님 때문에 하나님께 나아가서 하나님을 만날 수 있게 되었습니다. 하나님과 만남의 사건이 바로 우리가 드리는 예배입니다. 그래서 우리가 주일에 예배드리는 것입니다. 주일은 예수님이 부활하신 예수님의 날이기 때문입니다. 예수님이 부활하심으로 우리의 모든 죄가 씻어졌음이 증명되어 우리가 하나님께 나아가서 하나님을 만날 수 있게 되었습니다.

예수님이 사마리아 여인을 만나신 때는 아직 십자가를 지시기 전입니다. 그래서 이제 곧 하나님 아버지와 만나는 예배할 시간이 이를 것이라고 말씀하신 것입니다. 우리는 예수님의 십자가와 부활 이후에 살아가고 있는 사람들입니다. 얼마나 감사한 일입니까! 예수님 때문에 우리는 언제든지 예배드릴 수 있게 되었습니다.

그래서 이제는 하나님께 온전히 예배드리는 시간을 내서 예배드리는 것이 중요합니다. 삶의 최우선 순위가 예배가 되어야 하는 것입니다. 우리 부모도 실천하고 자녀도 실천할 수 있어야 합니다.

우리 자녀가 공부하느라 바쁜 것 다 압니다. 그러나 최우선 순위는 예배입니다. 주일에 교회에서 공동체와 함께 드리는 공예배는 매우 중요합니다. 공예배에 절대 빠지지 말고, 타협하지 말고, 최선을 다해 예배드리는 자녀로 키워야 합니다. 그리고 학교에서도, 학원에서도, 독서실에서도, 스터디 카페에서도 성경을 읽고 묵상하고 기도하면서 수시로 하나님을 만나는 자녀로 키워야 합니다. 하나님을 만날 수 있는 것은 예수님의 십자가와 부활 사건을 통해 하나님이 우리에게 베풀어 주신 놀라운 특권이고 선물입니다.

예배를 즐거워하라

예배드리는 태도에 대해서는 예수님이 요한복음 4장 23-24절에서 다음과 같이 말씀하십니다.

"아버지께 참되게 예배하는 자들은 영과 진리로 예배할 때가 오나니 곧 이때라 아버지께서는 자기에게 이렇게 예배하는 자들을 찾으시느니라 하나님은 영이시니 예배하는 자가 영과 진리로 예배할지니라"(요 4:23-24).

하나님은 영이십니다. 하나님은 눈에 보이는 분이 아니십니다. 그렇기 때문에 집중하지 않으면 하나님을 만나기가 힘들어집니다. 예배는 하나님의 영과 내 영이 만나는 시간입니다. 그런데 우리는 영도 있지만 육체도 있습니다. 그래서 예배 시간에 배도 고프고 다른 생각도 나고 잠시 후 해야 할 일도 떠오릅니다. 그래서 우리의 영이 온전히 하나님의 영과 만나려면 육체의 한계를 뛰어넘어야 합니다. 따라서 예배드리는 태도는 초집중이어야 하는 것입니다.

다른 생각이 들지 않게 초집중해서 예배드리는 것이 중요합니다. 예레미야 33장 3절에는 다음과 같이 나와 있습니다.

"너는 내게 부르짖으라 내가 네게 응답하겠고 네가 알지 못하는 크고 은밀한 일을 네게 보이리라"(렘 33:3).

하나님께 부르짖는 간절한 마음, 집중하는 마음으로 예배 가운데서 하나님을 찾아야 합니다. 또한 예레미야 29장 13절에는 "너희가 온 마음으로 나를 구하면 나를 찾을 것이요 나를 만나리라"라고 나옵니다. 대충이 아니고, 온 마음과 정성과 뜻을 다해 전심으로 하나님을 찾고 또 찾으면 하나님이 만나줄 것이라고 말씀하십니다. 전심으로 초집중해서 예배를 드리면 하나님이 예배 가운데서 만나 주시는 것입니다.

예배는 내가 하나님께 맞추는 것이지, 하나님이 나에게 맞추시는 것이 아닙니다. 우리는 예배드리러 나올 때 일주일 동안 힘든 일이 있어서 스트레스를 해소하려고, 혹은 억울한 일을 당해서 위로받고 싶어서 등등의 기대가 있습니다. 그러나 예배 시작 종이 울리면 내 상황과 감정은 중요한 것이 아닙니다. 오직 내 마음을 하나님께 맞추고 하나님께 초집중해서 하나님께 감사와 찬양과 경배와 영광을 올려 드려야 하는 것입니다.

그렇게 예배드리고 나서 내 마음이 위로되고, 내 마음에 기쁨이 싹트고, 억울함이 풀리는 것은 예배의 결과로 하나님이 나에게 주신 보너스입니다. 우리는 그 보너스에 주목하는 것이 아니라 오직 하나님이 예배의 목적이시니까 그 하나님께만 초집중해서 예배드려야 합니다.

요한복음 4장 23-24절에 나오는 "진리"라는 말은 "진정성"으로 번역되는데, 진정성이란 겉과 속이 일치되는 것을 말합니다. 마음과 행동이 일치되는 것입니다. 몸은 예배의 자리에 나와 있는데 마음은 예배의 자리에 오기 싫다면 '진정성 없게'가 되는 것입니다. 몸은 예배의 자리에 있는데 마음은 학원에 가 있으면 '진정성 없게'가 되는 것입니다.

진정성 있게 예배를 드리려면 즐기면 됩니다. 제가 미국에서 유학할 때 미국 친구들은 헤어질 때면 "Enjoy your day!"(너의 날을 즐겨라!)라는 말을 많이 했습니다. 이 말이 처음에는 어색했습니다. 왜냐하면 우리나라 문화는 무엇을 해도 진지하게, 최선을 다하기 때문에 '즐기라'는 말이 낯설게 느껴진 것입니다.

"죽어라 공부해라"라는 잔소리를 들을 정도로, 우리 자녀는 "공부는 진지하게, 심각하게 해야 한다"는 학업 문화 가운데 있는 것 같습니다. 기왕 공부하는 것, 우리 자녀가 즐겁게 공부한다면 더 좋지 않겠습니까! 그래서 자꾸 밝은 표정으로 자녀와 대화하고 자녀가 즐겁게 공부할 수 있는 분위기와 문화를 가정에서 만들 수 있으면 좋겠습니다.

예배로 돌아와서 다시 이야기하면, 진정성 있게 예배드리는 것은 바로 즐겁게 예배드리는 것입니다. 정말 예배드리고 싶다는 마음이 있어야 예배의 자리에 나와서도 열심히 예배드리게 되는 것입니다. 찬양하고 싶은 마음이 간절해야 예배의 자리에 나와서도 최선을 다해 열심히 찬양하게 되는 것입니다.

사무엘상 16장 7절을 보면, 우리 하나님은 중심을 보시는 분입니다. 우리의 마음을 보시는 분입니다. 마음과 행동이 일치하고 속과 겉이 일치하는 신앙인이 되어야 합니다. 즐기는 신앙인이 하나님을 경외하는 신앙인이고 행복한 신앙인입니다.

다윗왕은 하나님의 말씀을 묵상하며 하나님과 교제하는 시간을 의무적으로 가진 것이 아니라 너무 행복하고 즐거운 마음으로 보냈습니다. 시편 119편 103절을 보면, 그는 "주의 말씀의 맛이 내게 어찌 그리 단지요 내 입에 꿀보다 더 다니이다"라고 고백했습니다. 시편 1편 2절에 의하면, 복 있는 사람은 "오직 여호와의 율법을 즐거워하여 그의 율법을 주야로 묵상하는" 자입니다. 고린도후서 9장 7절에는 "하나님은 즐겨 내는 자를 사랑하시느니라"라고 나옵니다. 여기서 "즐겨"라는 말은 "즐겁게"입니다. 우리 부모가 즐겁게 예배드리고 헌금하고 신앙생활 하는 자가 되기를 소망하고, 우리 자녀를 즐겁게 신앙생활 하는 자녀로 키우기를 소망합니다.

이 시대의 다니엘

미국에서 박사과정을 할 때 석·박사과정을 밟기 위해 유학 온 학생들 10여 명이 모인 작은 수련회를 인도하게 되었습니다. 그 수련회는 밥 먹고 예배만 드리는 예배 수련회였습니다. 예배 가운데 하나님이 큰 은혜를 베풀어 주셨습니다.

수련회를 마치고 참여한 학생들이 돌아가면서 소감을 발표했는데, 모두 울면서 자기의 힘든 이야기를 나누었습니다. 대부분 한국에서 좋은 대학을 나온 수재들인데, 미국에서는 영어를 못해 위축되어 있었고, 공부가 안돼서 힘들어하고 있었고, 경제적으로 힘들어서 괴로워하고 있었고, 미래가 막막해서 우울해하고 있었습니다. 내면에 억눌려 있던 것들이 다 쏟아져 나온 것입니다.

저는 그들의 이야기를 다 듣고 우리가 무엇을 하면 좋겠냐고 물었습니다. 그들은 하나같이 예배 모임을 만들자고 했습니다. 그래서 매주 금요일 저녁에 모이는 유학생 예배 모임을 만들었습니다. 한인 교회 작은 방에서 모이기 시작했는데, 한인 교회 본당을 쓰려면 40명 이상은 되어야 한다고 들었습니다. 그래서 저는 유학생 예배 모임에 나오는 사람들에게 비전 선포를 했습니다. 40명 이상 출석을 목표로 하고, 학부 유학생들을 전도하자는 것이었습니다.

하나님이 6개월 만에 응답해 주셨습니다. 그래서 한인 교회 본당에서 예배 모임을 하게 되었습니다. 금요일 저녁 6시에 모여서 같이 밥을 해 먹고, 7시에 예배가 시작되면 10시 가까이에 예배가 끝났습니다. 저는 매주 한 시간 이상 설교를 했습니다. 그렇게 그들은 예배를 갈망했습니다. 뜨겁게 찬양하고, 간절한 마음으로 말씀을 듣고, 열정적으로 기도했습니다.

예배를 마치고 나서 말씀을 어떻게 적용할지 생각하고 나누는 소그룹 모임으로 흩어졌는데 늦으면 새벽 1-2시에 끝났습니다. 진정한 천국 공동체의 모습이었습니다. 이 예배 모임에 하나님이 역사하셔서 65명까지 모이게 되었습니다. 더 모이지 못할 만큼 모인 것입니다.

저는 주중에는 가장 우선순위로 캠퍼스에 가서 유학생들을 보면 전도하고 그들을 심방했습니다. 저도 어려운 박사 공부를 해야 하는데 공부할 시간이 부족해서 잠을 줄이며 공부했고, 황금시간에는 유학생들을 만나서 상담해 주고 그들을 심방하며 보냈습니다.

최고의 클라이맥스는 제가 박사 종합시험을 볼 때 하필 유학생 예배 모임 공동체 수련회 날짜와 겹친 것이었습니다. 수련회 날짜가 제가 종합시험을 보는 날짜보다 먼저 잡혀서 그렇게 된 것입니다. 박사 종합시험은 제 인생에서 가장 중요한 시험이었습니다. 박사 종합시험에 합격하지 못하면 박사과정에서 떨어지고 한국에 돌아가야 하는 상황이 발생할 수도 있었습니다.

저는 수련회 일정을 보고 솔직히 처음에는 걱정이 되었습니다. 제가 섬기는 유학생들 앞에서 저는 공부 때문에 힘들다는 내색을 한 번도 안 했고 하나님께 먼저 헌신하면 하나님이 공부도 책임져 주신다고 가르쳐 왔는데, 종합시험을 보고 만약 떨어진다면 유학생들이 얼마나 힘을 잃게 될까, 생각하니 아찔하기까지 했습니다. 그러나 우선순위를 수련회에 두기로 결정했습니다.

수련회에 가서 첫날 설교하고 기도회를 인도하고 지쳐서 밤 12시에 숙소에 들어가면 그때부터 새벽 4-5시까지 박사 종합시험 준비를 위해 공부했습니다. 그리고 그다음 날 아침 예배부터 수련회를 인도하고 밤에 끝나면, 또 밤부터 새벽까지 공부했습니다.

금요일부터 주일까지 수련회를 잘 마치고 다음 날 월요일에 학교에 가서 종합시험을 봤고, 당당히 합격했습니다. 그리고 그 이후 박사 논문도 하나님이 지혜를 주셔서 기가 막히게 잘 써서 네 명의 지도 교수님들의 인정을 받으며 최단기간에 졸업하게 되었고, 코스웍 전 과목 만점으로 영예롭게 졸업했습니다.

사랑하는 학부모 여러분! 하나님께 예배를 잘 드리고 하나님께 최우선 순위를 두는, 하나님을 경외하는 이 시대 다니엘이 되시기를 소망합니다. 그리고 우리 자녀를 하나님께 최우선 순위를 두고, 하나님을 진정으로 경외하고, 하나님의 꿈을 위해 힘차게 공부하며 실력을 갖춘 이 시대 다니엘로 키우시기를 기도합니다. 아멘!

2. 부모와 자녀가 붙들어야 할 주제별 성경 말씀

1. 하나님과의 만남

신 4:29   그러나 네가 거기서 네 하나님 여호와를 찾게 되리니 만일 마음을 다하고 뜻을 다하여 그를 찾으면 만나리라

대상 28:9   내 아들 솔로몬아 너는 네 아버지의 하나님을 알고 온전한 마음과 기쁜 뜻으로 섬길지어다 여호와께서는 모든 마음을 감찰하사 모든 의도를 아시나니 네가 만일 그를 찾으면 만날 것이요 만일 네가 그를 버리면 그가 너를 영원히 버리시리라

대하 15:2   그가 나가서 아사를 맞아 이르되 아사와 및 유다와 베냐민의 무리들아 내 말을 들으라 너희가 여호와와 함께하면 여호와께서 너희와 함께하실지라 너희가 만일 그를 찾으면 그가 너희와 만나게 되시려니와 너희가 만일 그를 버리면 그도 너희를 버리시리라

대하 15:4   그들이 그 환난 때에 이스라엘 하나님 여호와께로 돌아가서 찾으매 그가 그들과 만나게 되셨나니

시 27:8   너희는 내 얼굴을 찾으라 하실 때에 내가 마음으로 주께 말하되 여호와여 내가 주의 얼굴을 찾으리이다 하였나이다

시 46:1   하나님은 우리의 피난처시요 힘이시니 환난 중에 만날 큰 도움이시라

시 119:58   내가 전심으로 주께 간구하였사오니 주의 말씀대로 내게 은혜를 베푸소서

잠 8:17	나를 사랑하는 자들이 나의 사랑을 입으며 나를 간절히 찾는 자가 나를 만날 것이니라
사 55:6	너희는 여호와를 만날 만한 때에 찾으라 가까이 계실 때에 그를 부르라
렘 29:13-14	너희가 온 마음으로 나를 구하면 나를 찾을 것이요 나를 만나리라 이것은 여호와의 말씀이니라 나는 너희들을 만날 것이며 너희를 포로 된 중에서 다시 돌아오게 하되 내가 쫓아 보내었던 나라들과 모든 곳에서 모아 사로잡혀 떠났던 그곳으로 돌아오게 하리라 이것은 여호와의 말씀이니라
렘 33:3	너는 내게 부르짖으라 내가 네게 응답하겠고 네가 알지 못하는 크고 은밀한 일을 네게 보이리라
호 9:10	옛적에 내가 이스라엘을 만나기를 광야에서 포도를 만남같이 하였으며 너희 조상들을 보기를 무화과나무에서 처음 맺힌 첫 열매를 봄같이 하였거늘 그들이 바알브올에 가서 부끄러운 우상에게 몸을 드림으로 저희가 사랑하는 우상같이 가증하여졌도다
암 5:4	여호와께서 이스라엘 족속에게 이와 같이 말씀하시기를 너희는 나를 찾으라 그리하면 살리라
암 5:6	너희는 여호와를 찾으라 그리하면 살리라 그렇지 않으면 그가 불같이 요셉의 집에 임하여 멸하시리니 벧엘에서 그 불들을 끌 자가 없으리라
암 5:8	묘성과 삼성을 만드시며 사망의 그늘을 아침으로 바꾸시고 낮을 어두운 밤으로 바꾸시며 바닷물을 불러 지면에 쏟으시는 이를

찾으라 그의 이름은 여호와시니라

마 7:7-8   구하라 그리하면 너희에게 주실 것이요 찾으라 그리하면 찾아낼 것이요 문을 두드리라 그리하면 너희에게 열릴 것이니 구하는 이마다 받을 것이요 찾는 이는 찾아낼 것이요 두드리는 이에게는 열릴 것이니라

눅 11:13   너희가 악할지라도 좋은 것을 자식에게 줄 줄 알거든 하물며 너희 하늘 아버지께서 구하는 자에게 성령을 주시지 않겠느냐 하시니라

요 16:24   지금까지는 너희가 내 이름으로 아무것도 구하지 아니하였으나 구하라 그리하면 받으리니 너희 기쁨이 충만하리라

계 3:20   볼지어다 내가 문밖에 서서 두드리노니 누구든지 내 음성을 듣고 문을 열면 내가 그에게로 들어가 그와 더불어 먹고 그는 나와 더불어 먹으리라

2. 하나님 경외

출 15:11   여호와여 신 중에 주와 같은 자가 누구니이까 주와 같이 거룩함으로 영광스러우며 찬송할 만한 위엄이 있으며 기이한 일을 행하는 자가 누구니이까

출 19:5-6   세계가 다 내게 속하였나니 너희가 내 말을 잘 듣고 내 언약을 지키면 너희는 모든 민족 중에서 내 소유가 되겠고 너희가 내게 대하여 제사장 나라가 되며 거룩한 백성이 되리라 너는 이 말을 이스라엘 자손에게 전할지니라

레 19:24   넷째 해에는 그 모든 과실이 거룩하니 여호와께 드려 찬송할 것이며

레 25:17   너희 각 사람은 자기 이웃을 속이지 말고 네 하나님을 경외하라 나는 너희의 하나님 여호와이니라

신 6:13   네 하나님 여호와를 경외하며 그를 섬기며 그의 이름으로 맹세할 것이니라

신 8:6   네 하나님 여호와의 명령을 지켜 그의 길을 따라가며 그를 경외할지니라

신 8:10   네가 먹어서 배부르고 네 하나님 여호와께서 옥토를 네게 주셨음으로 말미암아 그를 찬송하리라

신 10:12   이스라엘아 네 하나님 여호와께서 네게 요구하시는 것이 무엇이냐 곧 네 하나님 여호와를 경외하여 그의 모든 도를 행하고 그를 사랑하며 마음을 다하고 뜻을 다하여 네 하나님 여호와를 섬기고

신 13:4   너희는 너희의 하나님 여호와를 따르며 그를 경외하며 그의 명령을 지키며 그의 목소리를 청종하며 그를 섬기며 그를 의지하며

신 17:19   평생에 자기 옆에 두고 읽어 그의 하나님 여호와 경외하기를 배우며 이 율법의 모든 말과 이 규례를 지켜 행할 것이라

신 28:1   네가 네 하나님 여호와의 말씀을 삼가 듣고 내가 오늘 네게 명령하는 그의 모든 명령을 지켜 행하면 네 하나님 여호와께서 너를 세계 모든 민족 위에 뛰어나게 하실 것이라

어쩌다 학부모

신 31:13   또 너희가 요단을 건너가서 차지할 땅에 거주할 동안에 이 말씀을 알지 못하는 그들의 자녀에게 듣고 네 하나님 여호와 경외하기를 배우게 할지니라

수 4:24   이는 땅의 모든 백성에게 여호와의 손이 강하신 것을 알게 하며 너희가 너희의 하나님 여호와를 항상 경외하게 하려 하심이라 하라

수 22:2   그들에게 이르되 여호와의 종 모세가 너희에게 명령한 것을 너희가 다 지키며 또 내가 너희에게 명령한 모든 일에 너희가 내 말을 순종하여

삿 3:4   남겨 두신 이 이방 민족들로 이스라엘을 시험하사 여호와께서 모세를 통하여 그들의 조상들에게 이르신 명령들을 순종하는지 알고자 하셨더라

삼상 12:24   너희는 여호와께서 너희를 위하여 행하신 그 큰일을 생각하여 오직 그를 경외하며 너희의 마음을 다하여 진실히 섬기라

왕상 8:43   주는 계신 곳 하늘에서 들으시고 이방인이 주께 부르짖는 대로 이루사 땅의 만민이 주의 이름을 알고 주의 백성 이스라엘처럼 경외하게 하시오며 또 내가 건축한 이 성전을 주의 이름으로 일컫는 줄을 알게 하옵소서

왕하 17:39   오직 너희 하나님 여호와만을 경외하라 그가 너희를 모든 원수의 손에서 건져 내리라 하셨으나

대하 34:31   왕이 자기 처소에 서서 여호와 앞에서 언약을 세우되 마음을 다
하고 목숨을 다하여 여호와를 순종하고 그의 계명과 법도와 율
례를 지켜 이 책에 기록된 언약의 말씀을 이루리라 하고

욥 1:1   우스 땅에 욥이라 불리는 사람이 있었는데 그 사람은 온전하고
정직하여 하나님을 경외하며 악에서 떠난 자더라

욥 1:21   이르되 내가 모태에서 알몸으로 나왔사온즉 또한 알몸이 그리로
돌아가올지라 주신 이도 여호와시요 거두신 이도 여호와시오니
여호와의 이름이 찬송을 받으실지니이다 하고

시 25:12   여호와를 경외하는 자 누구냐 그가 택할 길을 그에게 가르치시
리로다

시 34:7   여호와의 천사가 주를 경외하는 자를 둘러 진 치고 그들을 건지
시는도다

시 34:9   너희 성도들아 여호와를 경외하라 그를 경외하는 자에게는 부족
함이 없도다

시 35:28   나의 혀가 주의 의를 말하며 종일토록 주를 찬송하리이다

시 47:6   찬송하라 하나님을 찬송하라 찬송하라 우리 왕을 찬송하라

시 57:9   주여 내가 만민 중에서 주께 감사하오며 뭇 나라 중에서 주를 찬
송하리이다

시 61:5   주 하나님이여 주께서 나의 서원을 들으시고 주의 이름을 경외
하는 자가 얻을 기업을 내게 주셨나이다

시 67:3   하나님이여 민족들이 주를 찬송하게 하시며 모든 민족들이 주를 찬송하게 하소서

시 89:52   여호와를 영원히 찬송할지어다 아멘 아멘

시 100:1   온 땅이여 여호와께 즐거운 찬송을 부를지어다

시 103:11   이는 하늘이 땅에서 높음같이 그를 경외하는 자에게 그의 인자하심이 크심이로다

시 103:13   아버지가 자식을 긍휼히 여김같이 여호와께서는 자기를 경외하는 자를 긍휼히 여기시나니

시 111:5   여호와께서 자기를 경외하는 자들에게 양식을 주시며 그의 언약을 영원히 기억하시리로다

시 111:10   여호와를 경외함이 지혜의 근본이라 그의 계명을 지키는 자는 다 훌륭한 지각을 가진 자이니 여호와를 찬양함이 영원히 계속되리로다

시 115:11   여호와를 경외하는 자들아 너희는 여호와를 의지하여라 그는 너희의 도움이시요 너희의 방패시로다

시 115:13   높은 사람이나 낮은 사람을 막론하고 여호와를 경외하는 자들에게 복을 주시리로다

시 128:1   여호와를 경외하며 그의 길을 걷는 자마다 복이 있도다

시 128:4   여호와를 경외하는 자는 이같이 복을 얻으리로다

시 145:19   그는 자기를 경외하는 자들의 소원을 이루시며 또 그들의 부르 짖음을 들으사 구원하시리로다

시 147:11   여호와는 자기를 경외하는 자들과 그의 인자하심을 바라는 자들을 기뻐하시는도다

잠 1:7   여호와를 경외하는 것이 지식의 근본이거늘 미련한 자는 지혜와 훈계를 멸시하느니라

잠 3:7   스스로 지혜롭게 여기지 말지어다 여호와를 경외하며 악을 떠날지어다

잠 8:13   여호와를 경외하는 것은 악을 미워하는 것이라 나는 교만과 거만과 악한 행실과 패역한 입을 미워하느니라

잠 9:10   여호와를 경외하는 것이 지혜의 근본이요 거룩하신 자를 아는 것이 명철이니라

잠 10:27   여호와를 경외하면 장수하느니라 그러나 악인의 수명은 짧아지느니라

잠 14:27   여호와를 경외하는 것은 생명의 샘이니 사망의 그물에서 벗어나게 하느니라

잠 15:33   여호와를 경외하는 것은 지혜의 훈계라 겸손은 존귀의 길잡이니라

잠 19:23   여호와를 경외하는 것은 사람으로 생명에 이르게 하는 것이라 경외하는 자는 족하게 지내고 재앙을 당하지 아니하느니라

어쩌다 학부모

잠 31:30 고운 것도 거짓되고 아름다운 것도 헛되나 오직 여호와를 경외하는 여자는 칭찬을 받을 것이라

전 12:13 일의 결국을 다 들었으니 하나님을 경외하고 그의 명령들을 지킬지어다 이것이 모든 사람의 본분이니라

사 12:5 여호와를 찬송할 것은 극히 아름다운 일을 하셨음이니 이를 온 땅에 알게 할지어다

사 33:6 네 시대에 평안함이 있으며 구원과 지혜와 지식이 풍성할 것이니 여호와를 경외함이 네 보배니라

사 43:21 이 백성은 내가 나를 위하여 지었나니 나를 찬송하게 하려 함이니라

렘 11:4 이 언약은 내가 너희 조상들을 쇠풀무 애굽 땅에서 이끌어 내던 날에 그들에게 명령한 것이라 곧 내가 이르기를 너희는 내 목소리를 순종하고 나의 모든 명령을 따라 행하라 그리하면 너희는 내 백성이 되겠고 나는 너희의 하나님이 되리라

렘 42:6 우리가 당신을 우리 하나님 여호와께 보냄은 그의 목소리가 우리에게 좋든지 좋지 않든지를 막론하고 순종하려 함이라 우리가 우리 하나님 여호와의 목소리를 순종하면 우리에게 복이 있으리이다 하니라

단 2:20 다니엘이 말하여 이르되 영원부터 영원까지 하나님의 이름을 찬송할 것은 지혜와 능력이 그에게 있음이로다

말 3:16   그때에 여호와를 경외하는 자들이 피차에 말하매 여호와께서 그
것을 분명히 들으시고 여호와를 경외하는 자와 그 이름을 존중
히 여기는 자를 위하여 여호와 앞에 있는 기념책에 기록하셨느
니라

말 4:2   내 이름을 경외하는 너희에게는 공의로운 해가 떠올라서 치료하
는 광선을 비추리니 너희가 나가서 외양간에서 나온 송아지같이
뛰리라

막 11:10   찬송하리로다 오는 우리 조상 다윗의 나라여 가장 높은 곳에서
호산나 하더라

행 5:29   베드로와 사도들이 대답하여 이르되 사람보다 하나님께 순종하
는 것이 마땅하니라

행 16:25   한밤중에 바울과 실라가 기도하고 하나님을 찬송하매 죄수들이
듣더라

롬 16:19   너희의 순종함이 모든 사람에게 들리는지라 그러므로 내가 너희
로 말미암아 기뻐하노니 너희가 선한 데 지혜롭고 악한 데 미련
하기를 원하노라

고전 14:15 그러면 어떻게 할까 내가 영으로 기도하고 또 마음으로 기도하
며 내가 영으로 찬송하고 또 마음으로 찬송하리라

엡 5:19   시와 찬송과 신령한 노래들로 서로 화답하며 너희의 마음으로
주께 노래하며 찬송하며

엡 5:21   그리스도를 경외함으로 피차 복종하라

어쩌다 학부모

히 11:7-8   믿음으로 노아는 아직 보이지 않는 일에 경고하심을 받아 경외함으로 방주를 준비하여 그 집을 구원하였으니 이로 말미암아 세상을 정죄하고 믿음을 따르는 의의 상속자가 되었느니라 믿음으로 아브라함은 부르심을 받았을 때에 순종하여 장래의 유업으로 받을 땅에 나아갈새 갈 바를 알지 못하고 나아갔으며

계 19:5   보좌에서 음성이 나서 이르시되 하나님의 종들 곧 그를 경외하는 너희들아 작은 자나 큰 자나 다 우리 하나님께 찬송하라 하더라

3. 사명 – 꿈 (하나님 사랑, 이웃 사랑, 생명 살리기)

창 50:20-21   당신들은 나를 해하려 하였으나 하나님은 그것을 선으로 바꾸사 오늘과 같이 많은 백성의 생명을 구원하게 하시려 하셨나니 당신들은 두려워하지 마소서 내가 당신들과 당신들의 자녀를 기르리이다 하고 그들을 간곡한 말로 위로하였더라

출 20:6   나를 사랑하고 내 계명을 지키는 자에게는 천대까지 은혜를 베푸느니라

레 19:18   원수를 갚지 말며 동포를 원망하지 말며 네 이웃 사랑하기를 네 자신과 같이 사랑하라 나는 여호와이니라

신 6:5   너는 마음을 다하고 뜻을 다하고 힘을 다하여 네 하나님 여호와를 사랑하라

신 7:9   그런즉 너는 알라 오직 네 하나님 여호와는 하나님이시요 신실하신 하나님이시라 그를 사랑하고 그의 계명을 지키는 자에게는 천대까지 그의 언약을 이행하시며 인애를 베푸시되

신 11:1	그런즉 네 하나님 여호와를 사랑하여 그가 주신 책무와 법도와 규례와 명령을 항상 지키라
신 30:6	네 하나님 여호와께서 네 마음과 네 자손의 마음에 할례를 베푸사 너로 마음을 다하며 뜻을 다하여 네 하나님 여호와를 사랑하게 하사 너로 생명을 얻게 하실 것이며
신 30:20	네 하나님 여호와를 사랑하고 그의 말씀을 청종하며 또 그를 의지하라 그는 네 생명이시요 네 장수이시니 여호와께서 네 조상 아브라함과 이삭과 야곱에게 주리라고 맹세하신 땅에 네가 거주하리라
대상 7:22	그의 아버지 에브라임이 여러 날 슬퍼하므로 그의 형제가 가서 위로하였더라
대하 30:22	히스기야는 여호와를 섬기는 일에 능숙한 모든 레위 사람들을 위로하였더라
느 1:5	이르되 하늘의 하나님 여호와 크고 두려우신 하나님이여 주를 사랑하고 주의 계명을 지키는 자에게 언약을 지키시며 긍휼을 베푸시는 주여 간구하나이다
수 23:11	그러므로 스스로 조심하여 너희의 하나님 여호와를 사랑하라
시 91:14	하나님이 이르시되 그가 나를 사랑한즉 내가 그를 건지리라 그가 내 이름을 안즉 내가 그를 높이리라
사 40:1	너희의 하나님이 이르시되 너희는 위로하라 내 백성을 위로하라
사 66:13	어머니가 자식을 위로함같이 내가 너희를 위로할 것인즉 너희가 예루살렘에서 위로를 받으리니

어쩌다 학부모

마 4:23   예수께서 온 갈릴리에 두루 다니사 그들의 회당에서 가르치시며 천국 복음을 전파하시며 백성 중의 모든 병과 모든 약한 것을 고치시니

마 22:37-40 예수께서 이르시되 네 마음을 다하고 목숨을 다하고 뜻을 다하여 주 너의 하나님을 사랑하라 하셨으니 이것이 크고 첫째 되는 계명이요 둘째도 그와 같으니 네 이웃을 네 자신같이 사랑하라 하셨으니 이 두 계명이 온 율법과 선지자의 강령이니라

막 1:17   예수께서 이르시되 나를 따라오라 내가 너희로 사람을 낚는 어부가 되게 하리라 하시니

막 12:33   또 마음을 다하고 지혜를 다하고 힘을 다하여 하나님을 사랑하는 것과 또 이웃을 자기 자신과 같이 사랑하는 것이 전체로 드리는 모든 번제물과 기타 제물보다 나으니이다

막 16:15   또 이르시되 너희는 온 천하에 다니며 만민에게 복음을 전파하라

요 13:14-15 내가 주와 또는 선생이 되어 너희 발을 씻었으니 너희도 서로 발을 씻어 주는 것이 옳으니라 내가 너희에게 행한 것같이 너희도 행하게 하려 하여 본을 보였노라

요 13:34-35 새 계명을 너희에게 주노니 서로 사랑하라 내가 너희를 사랑한 것같이 너희도 서로 사랑하라 너희가 서로 사랑하면 이로써 모든 사람이 너희가 내 제자인 줄 알리라

요 14:15   너희가 나를 사랑하면 나의 계명을 지키리라

요 15:9   아버지께서 나를 사랑하신 것같이 나도 너희를 사랑하였으니 나의 사랑 안에 거하라

행 16:40	두 사람이 옥에서 나와 루디아의 집에 들어가서 형제들을 만나 보고 위로하고 가니라
행 20:24	내가 달려갈 길과 주 예수께 받은 사명 곧 하나님의 은혜의 복음을 증언하는 일을 마치려 함에는 나의 생명조차 조금도 귀한 것으로 여기지 아니하노라
롬 1:1	예수 그리스도의 종 바울은 사도로 부르심을 받아 하나님의 복음을 위하여 택정함을 입었으니
롬 8:28	우리가 알거니와 하나님을 사랑하는 자 곧 그의 뜻대로 부르심을 입은 자들에게는 모든 것이 합력하여 선을 이루느니라
롬 12:10	형제를 사랑하여 서로 우애하고 존경하기를 서로 먼저 하며
롬 13:9-10	간음하지 말라, 살인하지 말라, 도둑질하지 말라, 탐내지 말라 한 것과 그 외에 다른 계명이 있을지라도 네 이웃을 네 자신과 같이 사랑하라 하신 그 말씀 가운데 다 들었느니라 사랑은 이웃에게 악을 행하지 아니하나니 그러므로 사랑은 율법의 완성이니라
고전 8:3	또 누구든지 하나님을 사랑하면 그 사람은 하나님도 알아주시느니라
고전 9:23	내가 복음을 위하여 모든 것을 행함은 복음에 참여하고자 함이라
고후 7:6-7	그러나 낙심한 자들을 위로하시는 하나님이 디도가 옴으로 우리를 위로하셨으니 그가 온 것뿐 아니요 오직 그가 너희에게서 받은 그 위로로 위로하고 너희의 사모함과 애통함과 나를 위하여 열심 있는 것을 우리에게 보고함으로 나를 더욱 기쁘게 하였느니라

갈 5:14   온 율법은 네 이웃 사랑하기를 네 자신같이 하라 하신 한 말씀에서 이루어졌나니

엡 6:22   우리 사정을 알리고 또 너희 마음을 위로하기 위하여 내가 특별히 그를 너희에게 보내었노라

빌 1:5   너희가 첫날부터 이제까지 복음을 위한 일에 참여하고 있기 때문이라

엡 3:7   이 복음을 위하여 그의 능력이 역사하시는 대로 내게 주신 하나님의 은혜의 선물을 따라 내가 일꾼이 되었노라

살전 2:9   형제들아 우리의 수고와 애쓴 것을 너희가 기억하리니 너희 아무에게도 폐를 끼치지 아니하려고 밤낮으로 일하면서 너희에게 하나님의 복음을 전하였노라

살전 4:9   형제 사랑에 관하여는 너희에게 쓸 것이 없음은 너희들 자신이 하나님의 가르치심을 받아 서로 사랑함이라

살후 1:3   형제들아 우리가 너희를 위하여 항상 하나님께 감사할지니 이것이 당연함은 너희의 믿음이 더욱 자라고 너희가 다 각기 서로 사랑함이 풍성함이니

히 13:1   형제 사랑하기를 계속하고

약 2:8   너희가 만일 성경에 기록된 대로 네 이웃 사랑하기를 네 몸과 같이 하라 하신 최고의 법을 지키면 잘하는 것이거니와

벧전 1:22   너희가 진리를 순종함으로 너희 영혼을 깨끗하게 하여 거짓이 없이 형제를 사랑하기에 이르렀으니 마음으로 뜨겁게 서로 사랑하라

벧전 3:8 마지막으로 말하노니 너희가 다 마음을 같이하여 동정하며 형제를 사랑하며 불쌍히 여기며 겸손하며

요일 2:10 그의 형제를 사랑하는 자는 빛 가운데 거하여 자기 속에 거리낌이 없으나

요일 3:10 이러므로 하나님의 자녀들과 마귀의 자녀들이 드러나나니 무릇 의를 행하지 아니하는 자나 또는 그 형제를 사랑하지 아니하는 자는 하나님께 속하지 아니하니라

요일 3:14 우리는 형제를 사랑함으로 사망에서 옮겨 생명으로 들어간 줄을 알거니와 사랑하지 아니하는 자는 사망에 머물러 있느니라

요일 3:16 그가 우리를 위하여 목숨을 버리셨으니 우리가 이로써 사랑을 알고 우리도 형제들을 위하여 목숨을 버리는 것이 마땅하니라

요일 4:7-8 사랑하는 자들아 우리가 서로 사랑하자 사랑은 하나님께 속한 것이니 사랑하는 자마다 하나님으로부터 나서 하나님을 알고 사랑하지 아니하는 자는 하나님을 알지 못하나니 이는 하나님은 사랑이심이라

요일 4:12 어느 때나 하나님을 본 사람이 없으되 만일 우리가 서로 사랑하면 하나님이 우리 안에 거하시고 그의 사랑이 우리 안에 온전히 이루어지느니라

요일 4:16 하나님이 우리를 사랑하시는 사랑을 우리가 알고 믿었노니 하나님은 사랑이시라 사랑 안에 거하는 자는 하나님 안에 거하고 하나님도 그의 안에 거하시느니라

요일 4:20-21   누구든지 하나님을 사랑하노라 하고 그 형제를 미워하면 이는 거짓말하는 자니 보는 바 그 형제를 사랑하지 아니하는 자는 보지 못하는 바 하나님을 사랑할 수 없느니라 우리가 이 계명을 주께 받았나니 하나님을 사랑하는 자는 또한 그 형제를 사랑할지니라

요일 5:2-3   우리가 하나님을 사랑하고 그의 계명들을 지킬 때에 이로써 우리가 하나님의 자녀를 사랑하는 줄을 아느니라 하나님을 사랑하는 것은 이것이니 우리가 그의 계명들을 지키는 것이라 그의 계명들은 무거운 것이 아니로다

4. 오직 하나님께 영광

시 29:2   여호와께 그의 이름에 합당한 영광을 돌리며 거룩한 옷을 입고 여호와께 예배할지어다

시 86:9   주여 주께서 지으신 모든 민족이 와서 주의 앞에 경배하며 주의 이름에 영광을 돌리리이다

사 42:12   여호와께 영광을 돌리며 섬들 중에서 그의 찬송을 전할지어다

마 5:16   이같이 너희 빛이 사람 앞에 비치게 하여 그들로 너희 착한 행실을 보고 하늘에 계신 너희 아버지께 영광을 돌리게 하라

롬 4:20   믿음이 없어 하나님의 약속을 의심하지 않고 믿음으로 견고하여져서 하나님께 영광을 돌리며

롬 15:6   한마음과 한입으로 하나님 곧 우리 주 예수 그리스도의 아버지께 영광을 돌리게 하려 하노라

고전 6:20   값으로 산 것이 되었으니 그런즉 너희 몸으로 하나님께 영광을
            돌리라

고전 10:31 그런즉 너희가 먹든지 마시든지 무엇을 하든지 다 하나님의 영
            광을 위하여 하라

고후 1:20   하나님의 약속은 얼마든지 그리스도 안에서 예가 되니 그런즉
            그로 말미암아 우리가 아멘 하여 하나님께 영광을 돌리게 되느
            니라

고후 4:15   이는 모든 것이 너희를 위함이니 많은 사람의 감사로 말미암아
            은혜가 더하여 넘쳐서 하나님께 영광을 돌리게 하려 함이라

갈 1:24   나로 말미암아 하나님께 영광을 돌리니라

빌 2:11   모든 입으로 예수 그리스도를 주라 시인하여 하나님 아버지께
            영광을 돌리게 하셨느니라

벧전 2:12   너희가 이방인 중에서 행실을 선하게 가져 너희를 악행한다고
            비방하는 자들로 하여금 너희 선한 일을 보고 오시는 날에 하나
            님께 영광을 돌리게 하려 함이라

벧전 4:16   만일 그리스도인으로 고난을 받으면 부끄러워하지 말고 도리어
            그 이름으로 하나님께 영광을 돌리라

계 14:7   그가 큰 음성으로 이르되 하나님을 두려워하며 그에게 영광을
            돌리라 이는 그의 심판의 시간이 이르렀음이니 하늘과 땅과 바
            다와 물들의 근원을 만드신 이를 경배하라 하더라

민 6:26	여호와는 그 얼굴을 네게로 향하여 드사 평강 주시기를 원하노라 할지니라 하라
대상 23:25	다윗이 이르기를 이스라엘 하나님 여호와께서 평강을 그의 백성에게 주시고 예루살렘에 영원히 거하시나니
욥 22:21	너는 하나님과 화목하고 평안하라 그리하면 복이 네게 임하리라
시 4:8	내가 평안히 눕고 자기도 하리니 나를 안전히 살게 하시는 이는 오직 여호와이시니이다
시 25:13	그의 영혼은 평안히 살고 그의 자손은 땅을 상속하리로다
시 29:11	여호와께서 자기 백성에게 힘을 주심이여 여호와께서 자기 백성에게 평강의 복을 주시리로다
시 37:37	온전한 사람을 살피고 정직한 자를 볼지어다 모든 화평한 자의 미래는 평안이로다
시 116:7	내 영혼아 네 평안함으로 돌아갈지어다 여호와께서 너를 후대하심이로다
시 119:165	주의 법을 사랑하는 자에게는 큰 평안이 있으니 그들에게 장애물이 없으리이다
시 122:7	네 성안에는 평안이 있고 네 궁중에는 형통함이 있을지어다
잠 1:33	오직 내 말을 듣는 자는 평안히 살며 재앙의 두려움이 없이 안전하리라

잠 10:9	바른 길로 행하는 자는 걸음이 평안하려니와 굽은 길로 행하는 자는 드러나리라
사 9:6	이는 한 아기가 우리에게 났고 한 아들을 우리에게 주신 바 되었는데 그의 어깨에는 정사를 메었고 그의 이름은 기묘자라, 모사라, 전능하신 하나님이라, 영존하시는 아버지라, 평강의 왕이라 할 것임이라
사 26:3	주께서 심지가 견고한 자를 평강하고 평강하도록 지키시리니 이는 그가 주를 신뢰함이니이다
사 26:12	여호와여 주께서 우리를 위하여 평강을 베푸시오리니 주께서 우리의 모든 일도 우리를 위하여 이루심이니이다
사 32:17	공의의 열매는 화평이요 공의의 결과는 영원한 평안과 안전이라
사 33:6	네 시대에 평안함이 있으며 구원과 지혜와 지식이 풍성할 것이니 여호와를 경외함이 네 보배니라
렘 29:11	여호와의 말씀이니라 너희를 향한 나의 생각을 내가 아나니 평안이요 재앙이 아니니라 너희에게 미래와 희망을 주는 것이니라
겔 28:26	그들이 그 가운데에 평안히 살면서 집을 건축하며 포도원을 만들고 그들의 사방에서 멸시하던 모든 자를 내가 심판할 때에 그들이 평안히 살며 내가 그 하나님 여호와인 줄을 그들이 알리라
학 2:9	이 성전의 나중 영광이 이전 영광보다 크리라 만군의 여호와의 말이니라 내가 이곳에 평강을 주리라 만군의 여호와의 말이니라
눅 8:48	예수께서 이르시되 딸아 네 믿음이 너를 구원하였으니 평안히 가라 하시더라

눅 24:36	이 말을 할 때에 예수께서 친히 그들 가운데 서서 이르시되 너희에게 평강이 있을지어다 하시니
요 14:27	평안을 너희에게 끼치노니 곧 나의 평안을 너희에게 주노라 내가 너희에게 주는 것은 세상이 주는 것과 같지 아니하니라 너희는 마음에 근심하지도 말고 두려워하지도 말라
요 20:21	예수께서 또 이르시되 너희에게 평강이 있을지어다 아버지께서 나를 보내신 것같이 나도 너희를 보내노라
요 20:26	여드레를 지나서 제자들이 다시 집 안에 있을 때에 도마도 함께 있고 문들이 닫혔는데 예수께서 오사 가운데 서서 이르시되 너희에게 평강이 있을지어다 하시고
롬 8:6	육신의 생각은 사망이요 영의 생각은 생명과 평안이니라
롬 15:33	평강의 하나님께서 너희 모든 사람과 함께 계실지어다 아멘
고전 1:3	하나님 우리 아버지와 주 예수 그리스도로부터 은혜와 평강이 있기를 원하노라
엡 2:14	그는 우리의 화평이신지라 둘로 하나를 만드사 원수 된 것 곧 중간에 막힌 담을 자기 육체로 허시고
엡 2:17	또 오셔서 먼 데 있는 너희에게 평안을 전하시고 가까운 데 있는 자들에게 평안을 전하셨으니
엡 4:3	평안의 매는 줄로 성령이 하나 되게 하신 것을 힘써 지키라
빌 4:7	그리하면 모든 지각에 뛰어난 하나님의 평강이 그리스도 예수 안에서 너희 마음과 생각을 지키시리라

빌 4:9   너희는 내게 배우고 받고 듣고 본 바를 행하라 그리하면 평강의 하나님이 너희와 함께 계시리라

골 3:15   그리스도의 평강이 너희 마음을 주장하게 하라 너희는 평강을 위하여 한 몸으로 부르심을 받았나니 너희는 또한 감사하는 자가 되라

살전 5:23   평강의 하나님이 친히 너희를 온전히 거룩하게 하시고 또 너희의 온 영과 혼과 몸이 우리 주 예수 그리스도께서 강림하실 때에 흠 없게 보전되기를 원하노라

살후 3:16   평강의 주께서 친히 때마다 일마다 너희에게 평강을 주시고 주께서 너희 모든 사람과 함께하시기를 원하노라

몬 1:20   오 형제여 나로 주 안에서 너로 말미암아 기쁨을 얻게 하고 내 마음이 그리스도 안에서 평안하게 하라

벧전 3:11   악에서 떠나 선을 행하고 화평을 구하며 그것을 따르라

벧전 5:14   너희는 사랑의 입맞춤으로 서로 문안하라 그리스도 안에 있는 너희 모든 이에게 평강이 있을지어다

6. 하나님의 능력과 지혜 의지

출 36:2   모세가 브살렐과 오홀리압과 및 마음이 지혜로운 사람 곧 그 마음에 여호와께로부터 지혜를 얻고 와서 그 일을 하려고 마음에 원하는 모든 자를 부르매

민 14:9   다만 여호와를 거역하지는 말라 또 그 땅 백성을 두려워하지 말라 그들은 우리의 먹이라 그들의 보호자는 그들에게서 떠났고 여호와는 우리와 함께하시느니라 그들을 두려워하지 말라 하나

수 14:12   그날에 여호와께서 말씀하신 이 산지를 지금 내게 주소서 당신도 그날에 들으셨거니와 그곳에는 아낙 사람이 있고 그 성읍들은 크고 견고할지라도 여호와께서 나와 함께하시면 내가 여호와께서 말씀하신 대로 그들을 쫓아내리이다 하니

삼상 17:45   다윗이 블레셋 사람에게 이르되 너는 칼과 창과 단창으로 내게 나아오거니와 나는 만군의 여호와의 이름 곧 네가 모욕하는 이스라엘 군대의 하나님의 이름으로 네게 나아가노라

왕상 3:11   이에 하나님이 그에게 이르시되 네가 이것을 구하도다 자기를 위하여 장수하기를 구하지 아니하며 부도 구하지 아니하며 자기 원수의 생명을 멸하기도 구하지 아니하고 오직 송사를 듣고 분별하는 지혜를 구하였으니

왕상 5:12   여호와께서 그의 말씀대로 솔로몬에게 지혜를 주신 고로 히람과 솔로몬이 친목하여 두 사람이 함께 약조를 맺었더라

대하 9:23   천하의 열왕이 하나님께서 솔로몬의 마음에 주신 지혜를 들으며 그의 얼굴을 보기 원하여

스 7:25   에스라여 너는 네 손에 있는 네 하나님의 지혜를 따라 네 하나님의 율법을 아는 자를 법관과 재판관을 삼아 강 건너편 모든 백성을 재판하게 하고 그중 알지 못하는 자는 너희가 가르치라

시 37:5   네 길을 여호와께 맡기라 그를 의지하면 그가 이루시고

시 51:6	보소서 주께서는 중심이 진실함을 원하시오니 내게 지혜를 은밀히 가르치시리이다
시 68:35	하나님이여 위엄을 성소에서 나타내시나이다 이스라엘의 하나님은 그의 백성에게 힘과 능력을 주시나니 하나님을 찬송할지어다
시 118:14	여호와는 나의 능력과 찬송이시요 또 나의 구원이 되셨도다
잠 2:6	대저 여호와는 지혜를 주시며 지식과 명철을 그 입에서 내심이며
잠 3:13	지혜를 얻은 자와 명철을 얻은 자는 복이 있나니
잠 3:18	지혜는 그 얻은 자에게 생명나무라 지혜를 가진 자는 복되도다
잠 4:5	지혜를 얻으며 명철을 얻으라 내 입의 말을 잊지 말며 어기지 말라
잠 4:7	지혜가 제일이니 지혜를 얻으라 네가 얻은 모든 것을 가지고 명철을 얻을지니라
잠 8:33	훈계를 들어서 지혜를 얻으라 그것을 버리지 말라
잠 13:15	선한 지혜는 은혜를 베푸나 사악한 자의 길은 험하니라
잠 16:16	지혜를 얻는 것이 금을 얻는 것보다 얼마나 나은고 명철을 얻는 것이 은을 얻는 것보다 더욱 나으니라
잠 19:8	지혜를 얻는 자는 자기 영혼을 사랑하고 명철을 지키는 자는 복을 얻느니라
잠 23:19	내 아들아 너는 듣고 지혜를 얻어 네 마음을 바른길로 인도할지니라

잠 24:5 지혜 있는 자는 강하고 지식 있는 자는 힘을 더하나니

잠 27:11 내 아들아 지혜를 얻고 내 마음을 기쁘게 하라 그리하면 나를 비방하는 자에게 내가 대답할 수 있으리라

잠 29:25 사람을 두려워하면 올무에 걸리게 되거니와 여호와를 의지하는 자는 안전하리라

단 1:4 곧 흠이 없고 용모가 아름다우며 모든 지혜를 통찰하며 지식에 통달하며 학문에 익숙하여 왕궁에 설 만한 소년을 데려오게 하였고 그들에게 갈대아 사람의 학문과 언어를 가르치게 하였고

단 1:17 하나님이 이 네 소년에게 학문을 주시고 모든 서적을 깨닫게 하시고 지혜를 주셨으니 다니엘은 또 모든 환상과 꿈을 깨달아 알더라

단 2:20 다니엘이 말하여 이르되 영원부터 영원까지 하나님의 이름을 찬송할 것은 지혜와 능력이 그에게 있음이로다

막 9:23 예수께서 이르시되 할 수 있거든이 무슨 말이냐 믿는 자에게는 능히 하지 못할 일이 없느니라 하시니

막 10:27 예수께서 그들을 보시며 이르시되 사람으로는 할 수 없으되 하나님으로는 그렇지 아니하니 하나님으로서는 다 하실 수 있느니라

막 11:24 그러므로 내가 너희에게 말하노니 무엇이든지 기도하고 구하는 것은 받은 줄로 믿으라 그리하면 너희에게 그대로 되리라

눅 1:37 대저 하나님의 모든 말씀은 능하지 못하심이 없느니라

눅 18:27	이르시되 무릇 사람이 할 수 없는 것을 하나님은 하실 수 있느니라
눅 21:15	내가 너희의 모든 대적이 능히 대항하거나 변박할 수 없는 구변과 지혜를 너희에게 주리라
행 3:6	베드로가 이르되 은과 금은 내게 없거니와 내게 있는 이것을 네게 주노니 나사렛 예수 그리스도의 이름으로 일어나 걸으라 하고
행 7:10	그 모든 환난에서 건져 내사 애굽 왕 바로 앞에서 은총과 지혜를 주시매 바로가 그를 애굽과 자기 온 집의 통치자로 세웠느니라
행 27:25	그러므로 여러분이여 안심하라 나는 내게 말씀하신 그대로 되리라고 하나님을 믿노라
고전 2:5	너희 믿음이 사람의 지혜에 있지 아니하고 다만 하나님의 능력에 있게 하려 하였노라
고후 1:20	하나님의 약속은 얼마든지 그리스도 안에서 예가 되니 그런즉 그로 말미암아 우리가 아멘 하여 하나님께 영광을 돌리게 되느니라
엡 3:10	이는 이제 교회로 말미암아 하늘에 있는 통치자들과 권세들에게 하나님의 각종 지혜를 알게 하려 하심이니
빌 4:13	내게 능력 주시는 자 안에서 내가 모든 것을 할 수 있느니라
약 1:5	너희 중에 누구든지 지혜가 부족하거든 모든 사람에게 후히 주시고 꾸짖지 아니하시는 하나님께 구하라 그리하면 주시리라

왕상 11:28	이 사람 여로보암은 큰 용사라 솔로몬이 이 청년의 부지런함을 보고 세워 요셉 족속의 일을 감독하게 하였더니
잠 6:6	게으른 자여 개미에게 가서 그가 하는 것을 보고 지혜를 얻으라
잠 6:9	게으른 자여 네가 어느 때까지 누워 있겠느냐 네가 어느 때에 잠이 깨어 일어나겠느냐
잠 10:4	손을 게으르게 놀리는 자는 가난하게 되고 손이 부지런한 자는 부하게 되느니라
잠 10:26	게으른 자는 그 부리는 사람에게 마치 이에 식초 같고 눈에 연기 같으니라
잠 12:24	부지런한 자의 손은 사람을 다스리게 되어도 게으른 자는 부림을 받느니라
잠 12:27	게으른 자는 그 잡을 것도 사냥하지 아니하나니 사람의 부귀는 부지런한 것이니라
잠 13:4	게으른 자는 마음으로 원하여도 얻지 못하나 부지런한 자의 마음은 풍족함을 얻느니라
잠 20:4	게으른 자는 가을에 밭 갈지 아니하나니 그러므로 거둘 때에는 구걸할지라도 얻지 못하리라
잠 21:5	부지런한 자의 경영은 풍부함에 이를 것이나 조급한 자는 궁핍함에 이를 따름이니라

잠 21:25	게으른 자의 욕망이 자기를 죽이나니 이는 자기의 손으로 일하기를 싫어함이니라
잠 26:14	문짝이 돌쩌귀를 따라서 도는 것같이 게으른 자는 침상에서 도느니라
잠 26:15	게으른 자는 그 손을 그릇에 넣고도 입으로 올리기를 괴로워하느니라
잠 27:23	네 양 떼의 형편을 부지런히 살피며 네 소 떼에게 마음을 두라
잠 31:13	그는 양털과 삼을 구하여 부지런히 손으로 일하며
전 10:18	게으른즉 서까래가 내려앉고 손을 놓은즉 집이 새느니라
마 25:26	그 주인이 대답하여 이르되 악하고 게으른 종아 나는 심지 않은 데서 거두고 헤치지 않은 데서 모으는 줄로 네가 알았느냐
롬 12:11	부지런하여 게으르지 말고 열심을 품고 주를 섬기라
히 6:11	우리가 간절히 원하는 것은 너희 각 사람이 동일한 부지런함을 나타내어 끝까지 소망의 풍성함에 이르러

8. 성실함

왕상 3:6	솔로몬이 이르되 주의 종 내 아버지 다윗이 성실과 공의와 정직한 마음으로 주와 함께 주 앞에서 행하므로 주께서 그에게 큰 은혜를 베푸셨고 주께서 또 그를 위하여 이 큰 은혜를 항상 주사 오늘과 같이 그의 자리에 앉을 아들을 그에게 주셨나이다

왕하 12:15   또 그 은을 받아 일꾼에게 주는 사람들과 회계하지 아니하였으니 이는 그들이 성실히 일을 하였음이라

대하 34:12   그 사람들이 성실하게 그 일을 하니라 그의 감독들은 레위 사람들 곧 므라리 자손 중 야핫과 오바댜요 그핫 자손들 중 스가랴와 무술람이라 다 그 일을 감독하고 또 악기에 익숙한 레위 사람들이 함께하였으며

시 37:3   여호와를 의뢰하고 선을 행하라 땅에 머무는 동안 그의 성실을 먹을거리로 삼을지어다

시 71:22   나의 하나님이여 내가 또 비파로 주를 찬양하며 주의 성실을 찬양하리이다 이스라엘의 거룩하신 주여 내가 수금으로 주를 찬양하리이다

시 89:1   내가 여호와의 인자하심을 영원히 노래하며 주의 성실하심을 내 입으로 대대에 알게 하리이다

시 89:24   나의 성실함과 인자함이 그와 함께하리니 내 이름으로 말미암아 그의 뿔이 높아지리로다

시 100:5   여호와는 선하시니 그의 인자하심이 영원하고 그의 성실하심이 대대에 이르리로다

시 119:30   내가 성실한 길을 택하고 주의 규례들을 내 앞에 두었나이다

시 119:90   주의 성실하심은 대대에 이르나이다 주께서 땅을 세우셨으므로 땅이 항상 있사오니

시 119:138   주께서 명령하신 증거들은 의롭고 지극히 성실하니이다

잠 19:1	가난하여도 성실하게 행하는 자는 입술이 패역하고 미련한 자보다 나으니라
잠 28:6	가난하여도 성실하게 행하는 자는 부유하면서 굽게 행하는 자보다 나으니라
잠 28:10	정직한 자를 악한 길로 유인하는 자는 스스로 자기 함정에 빠져도 성실한 자는 복을 받느니라
잠 29:14	왕이 가난한 자를 성실히 신원하면 그의 왕위가 영원히 견고하리라
잠 28:18	성실하게 행하는 자는 구원을 받을 것이나 굽은 길로 행하는 자는 곧 넘어지리라
사 11:5	공의로 그의 허리띠를 삼으며 성실로 그의 몸의 띠를 삼으리라
렘 23:28	여호와의 말씀이니라 꿈을 꾼 선지자는 꿈을 말할 것이요 내 말을 받은 자는 성실함으로 내 말을 말할 것이라 겨가 어찌 알곡과 같겠느냐
애 3:23	이것들이 아침마다 새로우니 주의 성실하심이 크시도소이다
미 7:20	주께서 옛적에 우리 조상들에게 맹세하신 대로 야곱에게 성실을 베푸시며 아브라함에게 인애를 더하시리이다

9. 정직한 결과 기대하기

어쩌다 학부모

창 3:17   아담에게 이르시되 네가 네 아내의 말을 듣고 내가 네게 먹지 말라 한 나무의 열매를 먹었은즉 땅은 너로 말미암아 저주를 받고 너는 네 평생에 수고하여야 그 소산을 먹으리라

신 6:18-19   여호와께서 보시기에 정직하고 선량한 일을 행하라 그리하면 네가 복을 받고 그 땅에 들어가서 여호와께서 모든 대적을 네 앞에서 쫓아내시겠다고 네 조상들에게 맹세하신 아름다운 땅을 차지하리니 여호와의 말씀과 같으니라

신 12:18   오직 네 하나님 여호와께서 택하실 곳에서 네 하나님 여호와 앞에서 너는 네 자녀와 노비와 성중에 거주하는 레위인과 함께 그것을 먹고 또 네 손으로 수고한 모든 일로 말미암아 네 하나님 여호와 앞에서 즐거워하되

왕하 22:2   요시야가 여호와 보시기에 정직히 행하여 그의 조상 다윗의 모든 길로 행하고 좌우로 치우치지 아니하였더라

대하 29:2   히스기야가 그의 조상 다윗의 모든 행실과 같이 여호와 보시기에 정직하게 행하여

욥 1:1   우스 땅에 욥이라 불리는 사람이 있었는데 그 사람은 온전하고 정직하여 하나님을 경외하며 악에서 떠난 자더라

시 11:7   여호와는 의로우사 의로운 일을 좋아하시나니 정직한 자는 그의 얼굴을 뵈오리로다

시 15:2   정직하게 행하며 공의를 실천하며 그의 마음에 진실을 말하며

시 33:1   너희 의인들아 여호와를 즐거워하라 찬송은 정직한 자들이 마땅히 할 바로다

시 36:10   주를 아는 자들에게 주의 인자하심을 계속 베푸시며 마음이 정
직한 자에게 주의 공의를 베푸소서

시 37:37   온전한 사람을 살피고 정직한 자를 볼지어다 모든 화평한 자의
미래는 평안이로다

시 51:10   하나님이여 내 속에 정한 마음을 창조하시고 내 안에 정직한 영
을 새롭게 하소서

시 84:11   여호와 하나님은 해요 방패이시라 여호와께서 은혜와 영화를
주시며 정직하게 행하는 자에게 좋은 것을 아끼지 아니하실 것
임이니이다

시 97:11   의인을 위하여 빛을 뿌리고 마음이 정직한 자를 위하여 기쁨을
뿌리시는도다

시 104:23   사람은 나와서 일하며 저녁까지 수고하는도다

시 107:42   정직한 자는 보고 기뻐하며 모든 사악한 자는 자기 입을 봉하리
로다

시 112:4   정직한 자들에게는 흑암 중에 빛이 일어나나니 그는 자비롭고
긍휼이 많으며 의로운 이로다

시 126:6   울며 씨를 뿌리러 나가는 자는 반드시 기쁨으로 그 곡식 단을 가
지고 돌아오리로다

시 128:2   네가 네 손이 수고한 대로 먹을 것이라 네가 복되고 형통하리로다

잠 3:32   대저 패역한 자는 여호와께서 미워하시나 정직한 자에게는 그
의 교통하심이 있으며

어쩌다 학부모

잠 10:29   여호와의 도가 정직한 자에게는 산성이요 행악하는 자에게는
           멸망이니라

잠 11:3   정직한 자의 성실은 자기를 인도하거니와 사악한 자의 패역은
           자기를 망하게 하느니라

잠 14:11   악한 자의 집은 망하겠고 정직한 자의 장막은 흥하리라

잠 15:19   게으른 자의 길은 가시울타리 같으나 정직한 자의 길은 대로
           니라

전 3:13   사람마다 먹고 마시는 것과 수고함으로 낙을 누리는 그것이 하
           나님의 선물인 줄도 또한 알았도다

전 5:19   또한 어떤 사람에게든지 하나님이 재물과 부요를 그에게 주사
           능히 누리게 하시며 제 몫을 받아 수고함으로 즐거워하게 하신
           것은 하나님의 선물이라

전 12:10   전도자는 힘써 아름다운 말들을 구하였나니 진리의 말씀들을
           정직하게 기록하였느니라

사 26:7   의인의 길은 정직함이여 정직하신 주께서 의인의 첩경을 평탄
           하게 하시도다

호 14:9   누가 지혜가 있어 이런 일을 깨달으며 누가 총명이 있어 이런 일
           을 알겠느냐 여호와의 도는 정직하니 의인은 그 길로 다니거니
           와 그러나 죄인은 그 길에 걸려 넘어지리라

갈 4:19   나의 자녀들아 너희 속에 그리스도의 형상을 이루기까지 다시
           너희를 위하여 해산하는 수고를 하노니

갈 6:7 스스로 속이지 말라 하나님은 업신여김을 받지 아니하시나니 사람이 무엇으로 심든지 그대로 거두리라

딤전 4:10 이를 위하여 우리가 수고하고 힘쓰는 것은 우리 소망을 살아 계신 하나님께 둠이니 곧 모든 사람 특히 믿는 자들의 구주시라

딤후 2:6 수고하는 농부가 곡식을 먼저 받는 것이 마땅하니라

빌 2:22 디모데의 연단을 너희가 아나니 자식이 아버지에게 함같이 나와 함께 복음을 위하여 수고하였느니라